תום לב

מדריך בזק לחזרה בשאלה

אבי ישראל

Pure Heart

Fast Track to Disbelieving

Avi Israel

First Edition October 2010
מהדורה ראשונה אוקטובר 2010

המוציא לאור אבי ישראל
Published by Avi Israel

הודפס בישראל בדפוס חבצלת

ספר זה מוקדש לילדיי גל, אייל ואדם
שאהבתי אליהם אינה יודעת גבולות.

הספר נכתב מתוך אמונה באדם ובשאיפתו הבסיסית
והמתמדת לאמת ולצדק.

אין מאחורי ספר זה שום גוף פוליטי.

תוכן

דבר המחבר

שאלה טובה אחת שווה מאלף תשובות לא מוצדקות.

ספר זה אינו מיועד לכל אדם אלא רק לאותם מתי מעט בינינו שלא איבדו תקווה למצוא אמת ולשנות את העולם לעולם צודק יותר. הספר מיועד לאנשים ששיקול דעתם עדיין לא השתבש לחלוטין מאוסף הרטוריקה השקרית של הרבנים. הספר מיועד לחופשיים ודתיים כאחד ואני מקווה שכולם ימצאו בו עניין רב "ויזדעזעו" ממנו, לצערי, באותה מידה, משום שהוא שובר המון מוסכמות ואמתות לכאורה שכולנו גדלנו עליהן.

כשהתחלתי לכתוב ספר זה וכשהייתי בשלבי איסוף החומר הראשוניים היה לי ברור שהתורה לא ניתנה מאת בורא עולם, משום שזכרתי מלימודיי בתיכון דתי בירושלים כמה חוקים בלתי מוסריים וכמה תפיסות לא מבוססות לגבי הטבע ובריאת העולם שלא הניחו את דעתי. למרות כל זאת, יצאתי מנקודת הנחה שיש ביני לבין הרבנים ויכוח פילוסופי בשאלת אמתות התורה – הם חושבים שהתורה אמתית וניתנה על ידי האל ואני חושב אחרת. חשבתי לכתוב ספר שיאפשר לציבור לבחור בין שתי הטענות ויחליט בעצמו מה היא הטענה הסבירה ויבחר בעצמו את שיבחר. הייתה בי "אמונה" שלטענותיי יהיה משקל שכנוע רב והן שיטו את כף הזכות לטובתי ואת כף החובה לידי הרבנים, ובזה אעשה את מצוותי הקטנה והצנועה.

כשעיינתי בתורה וחיפשתי חומר לכתיבה, נתמלא לבי כעס רב ומרירות משום שגיליתי את הטקסט מחדש, ואני ממליץ לכל אדם מבוגר לעשות זאת, לקרוא את הטקסט המקראי מחדש ובעיניים פקוחות לרווחה. השגיאות הרבות, הבורות של הכותב, החוקים הבלתי מוסריים ואכזריותו וקטנותו של האל כתובים באותיות של קידוש לבנה בכל פרק באופן הכי בוטה שאפשר. אין צורך בכלל במחקר על מנת לטעון שזהו מסמך שבוודאי ובוודאי לא ניתן על ידי

בורא עולם ומלואו. הפער בין היקום הנפלא שבו אנו חיים לבין דמותו המצטיירת של האל "יהוה" במקרא בלתי ניתן לגישור בשום דרך מתקבלת על הדעת, קראו את הדוגמאות שאביא בהמשך ותבינו בדיוק למה אני מתכוון.

המסקנה המתבקשת מן המחקר הקטן שעשיתי היא שמדובר פה בהונאה של ממש. התברר לי מעל לכל ספק סביר שהרבנים והממסד הדתי היום, עבדו עליי ושיקרו לי, ולכל עם ישראל, באופן גס ובוטה ובכוונה תחילה. התברר לי שאין לי ויכוח פילוסופי על אמתות התורה, אלא עסק עם אוסף של צבועים מתוחכמים שיודעים בבירור שטענתם שקרית, אך מעמידים פנים לצורך צבירת כוח ושררה. אין פה תמימות של אנשים, אלא היתממות מודעת במזיד ונוכלות וצביעות לשמה. לרבנים שחיו לפני עשרות שנים יכולתי לסלוח מחמת הספק, אולי הם באמת לא ידעו שזה לא אמתי? אולי הם לא ידעו את מה שאנו יודעים היום? אולי לא הייתה להם גישה ישירה ומהירה לידע שקיים היום? אולי הם לא יכלו לחפש בקלות ובמהירות בכל הידע שפתוח בפני כל ילד בימינו? אולי הם לא יכלו אפילו לערוך השוואה בין כתבים שונים ביהדות מחמת נפח הספרים, ורק ראו קמצוץ מהכתבים שהביא אותם לתפיסת עולם שגוייה? אולי? ואולי ואולי? אבל היום הכול פתוח, הידע קיים, והוא נפוץ ונגיש לכל ילד. לא צריך להיות עילוי או בעל זיכרון מדהים בכדי לדעת את חוקי היהדות ואת הפירושים השונים. לא צריך להיות חוקר מדהים בכדי לגלות את השגיאות ואת הטענות השקריות והמוטעות בתורה, בתלמוד ובפוסקים אלא ההפך, צריך להיות צבוע מדופלם בכדי להתעלם מהם או נוכל גדול בכדי להעלימם מהציבור.

בספר זה, אני רוצה להבחין הבחנה ברורה בין המאמינים לבין הרבנים. רוב רובם של המאמינים הם אנשים תמימים וישרים שנפלו בפח שטמנו להם הרבנים, פשוטו כמשמעו. כל מי שלמד את חוקי התורה יכול לגלות בקלות שאין בהם שום יד אלוהית. ממש לא צריך שבורא התבל ישלח לנו ספר שיאמר לנו לכבד את הורינו, לא לרצוח ולא לגנוב. גם בתרבויות שלא שמעו מעולם על התורה יש מוסר וערכים ומכבדים את ההורים והם עשו זאת גם לפני כתיבת התורה. בני האדם בנו בכוח תבונתם בלבד מערכות חוקים הרבה יותר

מתקדמות ומוסריות מחוקי התורה. אני מבין את האנשים הדתיים והחרדים, אבל יש בי כעס רב על הרבנים האורתודוקסים שיודעים רובם ככולם, בבירור מוחלט, שהתורה לא ניתנה על ידי בורא עולם, וממנים עצמם בשקר וצביעות לדובריו. הם טוענים משמים היא אבל בעת ובעונה אחת "לא בשמים היא", ומשנים את חוקי התורה המפורשים. הם מוסיפים להם וגורעים מהם, אבל טוענים בלהט שאסור לשנותם כי הם נצחיים. כאילו רגישותם של הרבנים גדולה מזו של בורא עולם וחכמתם עולה על תבונתו.

ההבחנה הזאת שלי בין רבנים לשומרי המצוות היא מהותית. והיא דומה בעיני להבחנה בין המהמרים בקזינו שנשבים באשליית ההתעשרות הפתאומית לבין בעלי הקזינו שמוכרים אשליה זאת. רק תארו בנפשכם שהמדינה הייתה מממנת בעלי קזינו ונותנת להם תקציבים לעידוד הימורים. מפעל הפיס הוא בדיוק מפעל כזה. למרות שהוא ממלכתי והכסף הולך לקופת המדינה הוא לא מוסרי. ממש לא מפליא אותי שהרבנים, לא רק שלא מוקיעים אותו אלא תמיד רוצים להשתלט עליו וליהנות מפרותיו הבאושים. מה לבורא עולם ולרוחניותו ולהשתלטות של "דובריו הרבנים" על מפעל הפיס וועדות הכספים?

הביקורת שלי על הרבנים אינה שונה מהביקורת שלי על מנהיגי הדת הנוצרית והדת המוסלמית, שכולם כאיש אחד מאמינים שהתורה ניתנה למשה בסיני על ידי בורא עולם. צריך לשים את כולם בכפיפה אחת – אוסף של רודפי כבוד וצבועים שמתחזים לנציגי בורא עולם עלי אדמות.

אני אישית לוקח סיכון עצמי לא קטן בכתיבת ספר זה משום שלנציגי כל הדתות הללו יש כוח עצום ומכתם רעה. הם לא יפריכו את טענותיי בתשובות מתקבלות על הדעת, הם גם לא יתבעו אותי בבית משפט על הוצאת דיבתם רעה משום ששם יתגלה פרצופם האמתי. הם ינקטו בשיטה של הכפשה כללית. חלקם הגדול יעברו מיד לחרפות, קללות, איומים ונידויים, כי זאת דרכם של נוכלים שנתפסו על חם בקלקלתם.

לגופו של ספרי הקצר: השתדלתי בכוונה לשאול שאלות ולא לתת תשובות, כי התשובה היא אחת לכל השאלות והיא בהירה כשמש: התורה לא ניתנה על ידי האל, אלא נכתבה על ידי בני אדם בתקופה קדומה והיא משקפת את הידע המוגבל שהיה להם וכן את ערכי המוסר של תקופות אלו. אנו כיהודים צריכים להיות גאים בכך שהייתה לנו מערכת חוקים די מפותחת ביחס לעמים אחרים שחיו באזור באותן תקופות, אולם בוודאי שאין להשוותם לחוקים שיש לנו כיום.

לכל מי שיודע את תירוצי הרבנים לחלק מהשאלות (תירוצים מוזרים שהומצאו במשך אלפי שנים של פלפול בישיבות) אני ממליץ לשקול בלב שלם וישר את תשובותיהם השונות והמשונות מול התשובה הפשוטה הזאת.

ייתן האל חלקי עם הילד "הרשע" באגדה של פסח, ששואל בתבונה: "מה העבודה הזאת לכם?"

תודה מראש לקוראים

הקדמה

דעו מה שכולם רוצים להסתיר מכם בכוונה.

"אלוהים נתן תורה למשה בסיני..."

במשפט זה רוצים הרבנים האורתודוקסים (חרדים ודתיים) שנאמין. הם טוענים שבנוסף לתורה שבכתב, שעברה בשלמות, מדור לדור, מאלוהים למשה, ממשה ליהושע, מיהושע לזקנים, מזקנים לנביאים ומשם הלאה עד לדורנו, למשה ניתנה בנוסף גם תורה שבעל פה, שעברה גם היא מדור לדור באותה דרך ושהיא הפרשנות האמתית לתורה שבכתב.

חשוב מאוד להבין טענה זאת לפני שמפריכים אותה. בטענה זאת מאמינים בלב שלם כל הזרמים אורתודוקסים ביהדות, מהרבנים הלאומיים של המפד"ל ועד לנטורי קרתה ומהרב עובדיה ועד לגדולי התורה של היהדות החרדית.

בהקדמה למשנה תורה כתוב כך במפורש:

א כל המצוות שניתנו לו למשה בסיני--בפירושן ניתנו, שנאמר "ואתנה לך את לוחות האבן, והתורה והמצוה" (שמות כד,יב): "תורה", זו תורה שבכתב; ו"מצוה", זה פירושה – וציוונו לעשות התורה על פי המצווה. ומצווה זו, היא הנקראת תורה שבעל פה.

ב כל התורה--כתבה משה רבנו קודם שימות בכתב ידו. ונתן ספר לכל שבט ושבט; וספר אחד--נתנהו בארון לעד, שנאמר "לקוח, את ספר התורה הזה, ושמתם אותו, מצד ארון ברית ה' אלוהיכם; והיה שם בך, לעד" (דברים לא,כו).

ג והמצווה, שהיא פירוש התורה--לא כתבה; אלא ציווה בה לזקנים וליהושע ולשאר כל ישראל, שנאמר "את כל הדבר, אשר אנוכי מצוה אתכם--אותו תשמרו, לעשות..." (דברים יג,א) ומפני זה נקראת תורה שבעל פה.

ד אף על פי שלא נכתבה תורה שבעל פה, לימדה משה רבנו כולה בבית

דינו לשבעים זקנים; ואלעזר, פנחס ויהושע, שלושתם קיבלו ממשה. וליהושע שהוא תלמידו של משה רבנו, מסר תורה שבעל פה וציווהו עליה; וכן יהושע, כל ימי חייו לימד על פה.

ואיך הגיעה התורה בשלמותה עם הפרשנות גם זה כתוב:

כא נמצא מרב אשי עד משה רבנו--ארבעים איש, ואלו הן: (א) מרב אשי, (ב) מרבא, (ג) מרבה, (ד) מרב הונא, (ה) מרבי יוחנן ורב ושמואל, (ו) מרבנו הקדוש, (ז) מרבן שמעון אביו, (ח) מרבן גמליאל אביו, (ט) מרבן שמעון אביו, (י) מרבן גמליאל הזקן אביו, (יא) מרבן שמעון אביו, (יב) מהילל אביו ושמאי, (יג) משמעיה ואבטליון, (יד) מיהודה ושמעון, (טו) מיהושע וניתאי, (טז) מיוסף ויוסף, (יז) מאנטיגנוס, (יח) משמעון הצדיק, (יט) מעזרא, (כ) מברוך, (כא) מירמיה, (כב) מצפניה, (כג) מחבקוק, (כד) מנחום, (כה) מיואל, (כו) ממיכה, (כז) מישעיה, (כח) מעמוס, (כט) מהושע, (ל) מזכריה, (לא) מיהוידע, (לב) מאלישע, (לג) מאליהו, (לד) מאחיה, (לה) מדוד, (לו) משמואל, (לז) מעלי, (לח) מפנחס, (לט) מיהושע, (מ) ממשה רבנו רבן של כל הנביאים, מעם ה' אלוהי ישראל.

ולמרות חילוקי הדעות לגבי מנהגות מסוימים, את התלמוד כולם מקבלים כי כפו זאת עליהם:

לד ודברים הללו, בדינים וגזירות ותקנות ומנהגות שנתחדשו אחר חיבור התלמוד. אבל כל הדברים שבתלמוד הבבלי חייבין כל בית ישראל ללכת בהם; וכופין כל עיר ועיר וכל מדינה ומדינה לנהוג בכל המנהגות שנהגו חכמים שבתלמוד, ולגזור גזירותם וללכת בתקנותם.
לה הואיל וכל אותן הדברים שבתלמוד הסכימו עליהם כל ישראל, ואותן החכמים שהתקינו או שגזרו או שהנהיגו או שדנו דין ולמדו שהמשפט כך הוא הם כל חכמי ישראל או רובן, והם ששמעו הקבלה בעיקרי התורה כולה, איש מפי איש עד משה רבנו.

כל שהרבנים עושים לטענתם הוא משננים ומלמדים את התורה שבכתב יחד עם הפרשנות של התורה שבעל פה, שכזכור לטענתם, ניתנה בהר סיני למשה. בנוסף הם טוענים שאין הם משנים את חוקי

האל, אלא רק קובעים להם סייגים בכדי לעזור לציבור לקיים את המצוות.

בקיצור, זאת הטענה שאני אפריך בספר קצר זה בצורה ברורה שאינה משתמעת לשתי פנים. אני לא אספר לכם אגדות עם ולא אפלפל בפלפולי סרק, אלא אשאל שאלות פשוטות ביותר ואתן לקורא את הבחירה החופשית האם להאמין בטענה שהתורה ניתנה על ידי בורא האל או שנכתבה על ידי בני אדם שחיו בתקופה קדומה ומשקפת את ערכי התקופה שבה חיו ואת האמונות המוטעות שלהם לגבי העולם.

אתם בוודאי למדתם תורה ודת במשך שנים רבות ככל היהודים והישראלים, למדתם על "ואהבת לרעך כמוך", את "**בצלם אלוהים ברא אלוהים את האדם**", את "**לא תרצח ולא תגנוב**", את "**אל רחום וחנון אדוני**", את "**לא תחרוש שור וחמור יחדו**", את "**לא תענה ברעך עד שקר**", את "**לא תחמוד ולא תנאף**", את "**ששת ימים תעבוד וביום השביעי שבת וינפש**" שהם אוסף של חוקים מוסריים וחכמים ללא שום צל של ספק – אך רק לאחר שתעיינו בספר זה תגלו כמה באמת אתם לא יודעים (אפילו דברים פשוטים ביותר שכתובים בעברית בתורה).

העמודים הבאים ישנו לחלוטין את דעתכם על הרבנים. לימדו את חוקי התורה שהסתירו מכם, את הכשלים המדעיים בתורה, את עמדת התורה לרבנים למיניהם, את אופיו של האל בתורה ותגלו לבסוף, אחת ולתמיד, מי כתב את התורה ואת חוקיה. חזקו ואמצו, כי בורא עולם ומלואו הוא בוודאי רודף צדק ומי שברא אתכם כיצורים תבוניים בצלמו אינו מפחד מהאמת. מי שברא את כל היקום, מעלה הנענע שבגינה ועד לגלקסיות הרחוקות ביותר, איננו קטנוני, תנו לו את הקרדיט המגיע לו והשתמשו בחושים ובתבונה שבהם הוא חנן אתכם.

על האמת, הצדק, האמונה והשכנוע העצמי

האם הבורא שנתן לנו חושים ותבונה נתן לנו אותם כדי להטעות אותנו?

על האמת

ענף שלם בפילוסופיה עוסק רק בשאלה החשובה הזאת – מה היא אמת? כיצד אנו יודעים שטענה היא אמתית או שקרית? – והמון ספרים נכתבו בנידון עם הצעות שונות ומפורטות. אני אתבסס על ההבחנה הפשוטה ביותר בין אמת לשקר כך שכל אדם עם שכל ישר יוכל להבין ולקבל. אומר שהאמת נבחנת בשני קריטריונים לפחות: הראשון, האמת חייבת להתאים למציאות והשני, האמת אינה יכולה לסתור את עצמה. כלומר, אדם שאומר דבר והיפוכו הוא שקרן ואדם שמספר לנו עובדות בדויות שאין להן שום אחיזה במציאות גם הוא שקרן.

ככלל, הרבה יותר קל להפריך טענה מאשר להוכיח שהיא אמתית (יש הטוענים שאי אפשר אף פעם להוכיח שטענה היא אמתית במאת האחוזים, כי כל טענה מתבססת על אילו שהם הנחות שאנו לא בהכרח חייבים לקבל). רוצה לומר, שבכדי לדעת שעד במשפט דובר אמת יש לבדוק את כל טענותיו אחת לאחת, אבל מספיקה עובדה אחת שהוא משקר בה או סתירה בסיסית אחת בדבריו על מנת לדעת שהוא אינו דובר אמת, ועל מנת לאשש תיאוריה מדעית יש לערוך ניסויים רבים, אבל בכדי להפריך אותה מספיק ניסוי אחד שסותר אותה.

הדבר החשוב ביותר הוא להבחין בין תשובה לתירוץ. תשובה היא לעניין ויש בה טעם וקשר אדוק לעובדות ולאמת. תירוץ לעומת זאת הוא המצאה דמיונית והוא נותן תשובה לשאלה, רק לכאורה. הוא ניתן מתוך דחק כשחייבים לתת תשובה ואין לנו כזאת או כשאנו מנסים להסתיר את התשובה האמתית. כל תלמיד בכתה א' יודע להמציא תירוצים בכל פעם שהוא נשאל שאלות שאין לו תשובות

עליהן, או כאשר הוא מעוניין להסתיר את הסיבות האמתיות להתנהגותו.

כיצד מזהים נוכלים? אתן לכם כמה עצות פשוטות:

שאלו שאלות פשוטות, חזרו עליהן שנית בניסוח שונה ואל תרפו עד שתקבלו תשובה ברורה ולעניין. אם קיבלתם תשובות מתחמקות לשאלות פשוטות, דעו לכם שיש לכם עסק עם נוכל – זכרו, התשובה "לא יודע" היא תשובה מצוינת ובדרך כלל גם התשובה הכנה ביותר.

- אם במקום תשובות קיבלתם רק מחמאות (איזו שאלה טובה שאלתם, איזה חכמים אתם, או איזה צדיקים אתם), תתחילו לחשוד מיד.
- אם במקום תשובות קיבלתם סיפורים, מעשיות, אנלוגיות או משלים – תתחילו לחשוד מיד.
- חפשו תמיד את המניע – אף אדם, אף פעם לא עושה שום פעולה בלי שום סיבה. גם סיבות "טהורות" הן סיבות. עושה מעשה טוב מצפה להכרת תודה מכם, מעצמו או מגורם שלישי (כולל האל).
- אנשים שמצפים מכם לסמוך עליהם בלי שום פקפוק הם נוכלים, נקודה. אנשים ישרים לא נעלבים מכך שאתם ספקנים לגביהם או לגבי המניעים שלהם – זאת זכותכם לבדוק ולשאול.

ובאלה תחשדו:

- בבעל סגולות מופלאות לפרנסה טובה שהוא עצמו עני;
- בבעל תרופות פלא שהולך לרופא כשהוא חולה;
- בחוזה עתידות רחוקות אבל לא יודע מה יהיה מחר;
- במי שיודע דברים נשגבים שאי אפשר לעולם לבדוק;
- במי שמבין בספירות העליונות, אבל לא בעולם בו אנו חיים;
- באיש מפורסם מאוד בענוונותו;
- באדם מרובה ילדים ועני שתורם רבות לקהילה, לכולנו יש רק 24 שעות ביממה ואין יש מאין.

לי אישית יש מניע חזק בכתיבת ספר זה – אני מקווה לשחרר יהודים רבים מכבלי הרבנים. אני מקווה שלאחר שאנשים יקראו ספר זה תהיה להם הערכה לתרבות היהודית שנוצרה ונכתבה במשך שנים רבות על ידי אנשים, אבל גם יכולת לבקרם. שידעו הקוראים שהתורה וכל שאר ספרי היהדות נכתבו על ידי בני אדם שחלקם חכמים וחלקם טיפשיים ואנו רשאים ללמוד מהם ובאותה מידה לבקרם ולשנותם. ברגע שנכיר בעובדה שאלו הם דברי בני אדם נעריך אותם בצורה בוגרת ואחראית, לא נטיף, לא נסית איש ברעהו ולא נקפיא אותם, אלא נמשיך ביצירה היהודית.

אני מקווה שספר קצר זה יניע כותבים רבים אחרים שיש להם ידע רחב משלי ביהדות, במדע, בהיסטוריה ובארכיאולוגיה לכתוב את ספרם ולהפיץ את ביקורתם על הרבנים. ספר זה רחוק מלהשלים מלאכת הביקורת והוא רחוק מלהיות מושלם, אין לי ספק שיש בו גם טעויות לא מעטות, אבל למרות כל זאת המסקנה ממנו ברורה ומובהקת – התורה נכתבה על ידי בני אדם והרבנים יודעים זאת בבירור, אבל משקרים את העם ביודעין.

אני בכוונה לא תובע שום זכות סופרים בלעדית לספר זה וכל מעתיקו או מצטט ממנו, בחלקים או בשלמות, שלא למטרות מסחריות, הרי זה משובח. אני אפרסם אותו באתר האינטרנט על מנת שיהיה לנחלת רבים ככל האפשר.

על הצדק

כשביקש גוי מהלל הזקן שיסכם לו את התורה על רגל אחת, הלל לא ביקש ממנו ללמוד שבעים שנה בישיבה, אלא ענה לו בחכמה מופלאה: "מה ששנוא עליך אל תעשה לחברך". האם תיתכן תשובה חכמה מזאת? הרי זוהי תכלית הצדק. צדק הוא עניין פשוט ביותר בניגוד למוסר, שהוא מושג רחב מאוד. צדק מובחן בסימטריה בין אנשים. סימטריה כזאת גם שני אסירים שחולקים תא משותף בכלא מבינים – אשיב לך טובה תחת טובה ורעה תחת רעה ולא להפך, כי רעה תחת טובה זה לא צודק.

אין אדם בעל שכל ישר שלא יסכים עם כלל זה. השאלה היא כמובן קבוצת ההתייחסות. יש שיחילו חוק זה רק על משפחתם הקרובה, ויש שיכילו זאת על האנושות כולה. יש שיחילו זאת על נשים וגברים, ואחרים רק על עם מסוים או עדה מסוימת. הכלל הזה אוניברסלי, אלא שבני אדם מייחסים אותו לקבוצות התייחסות שונות.

בתורה הוא לא חל על נשים וגברים כאחד – לגבר מותר מה שלאישה אסור ויש הבחנה בסיסית בזכויותיהם. בתורה הכלל הזה גם לא חל על יהודים וגויים כאחד. בשני המקרים עקרון הסימטריה נשבר. ב"שולחן ערוך", ספר ההלכה המקובל על כל הזרמים האורתודוקסים, הכלל הזה שונה גם בין יהודים כשרים ולא כשרים, כלומר כאלו ששומרים מצוות וכאלה שלא, למשל, אין לחלל שבת בכדי להציל נפשו של יהודי לא כשר.

כמי שמאמין שהאל ברא את כל היצורים ושהוא אוהב את כולם (חיות טהורות וטמאות, נשים וגברים, יהודים וגויים), אני רק יכול לחשוב שהבורא היה רוצה שנכליל את כולם במעגל הצדק שלנו. אחרת הכלל של הלל הזקן, "מה ששנוא עליך אל תעשה לחברך", יהפך לכלי ריק מתוכן. מוזר לחשוב שהלל הזקן שהטיף לגוי את העיקרון המופלא הזה של תרבותנו חשב באותה עת שהגוי בעצם מחוץ לתחום כלל זה.

11

לא תמיד קל להחליט מה דרוש לעשות מבחינה מוסרית במקרה ספציפי, הרי יש לנו ערכים רבים שלרוב מתנגשים זה בזה במציאות היום יומית. לעתים אנו נדרשים לבחור בין נאמנות לחברים ובני משפחה לבין אמירת אמת או עשיית צדק; לבחור בין מידת הרחמים לבין ענישה מרתיעה; לבחור בין נאמנות למדינה או למשפחה, והרשימה היא ארוכה עד אין סוף, אבל למרות זאת ישנם מקרים רבים שההבחנה ברורה והבחירה צריכה להיות חד משמעית. הרי לא ייתכן שנעשה רע למי שגמל לנו טוב. הרי לא צודק להעניש בני אדם שלא חטאו בכוונה תחילה ובמזיד. הרי לא צודק לעשות הפליה במשפט בין בני אדם. הרי לא צודק להשתמש בבני אדם ככלים לצרכינו האישיים מבלי להתייחס לצרכיהם ורגשותיהם.

מאז שנכתבו חוקי התורה עברו לפחות אלפיים וחמש מאות שנים, ולא רק שהתקדמנו במדע מאז, גם התקדמנו בתפיסות המוסר שלנו וברגישות החברתית שלנו. הרי לפני אלפיים שנה לא היו בכלל זכויות לנשים, לא דיברו על זכויות של ילדים, העבדות הייתה נפוצה ומקובלת בכל העולם, עונש מוות היה העונש הנפוץ ביותר, עמים שנכבשו פשוט נרצחו בדם קר, מדינות לא דיברו אחת עם רעותה באו"ם, לא הייתה אמנת זנבה או האמנה לזכויות האדם ולא היו מדינות דמוקרטיות בכלל.

העולם בו אנו חיים רחוק מלהיות מושלם ויש בו פשעים לרוב בין אנשים ובין מדינות. היו תקופות שפל נוראיות בהיסטוריה, כמו במלחמת העולם השנייה ששיאה הגיע בשואה, אבל אם נשווה את הזכויות החברתיות והחוקים בהם אנו חיים לבין אלה ששררו בעולם לפני אלפיים שנה, ניווכח שאנו חיים בעולם ערכי שונה לחלוטין. אנו מתקדמים קדימה לעולם מוסרי יותר, ללא ספק, במין ריקוד טנגו – שני צעדים קדימה ואחד אחורה. אנו עולים כמו המניות בבורסה עם המון מפולות בדרך.

יש להבחין בין מצבים בהם השיפוט המוסרי קשה ואנו צריכים להתלבט בו, לבין מקרים שבהם הוא קל להבחנה בכלים ובניסיון שצברנו עד היום. אתן דוגמה פשוטה: לפי חוקי הקוראן אישה יכולה לתבוע גבר על אונס ולזכות במשפט, אבל רק בתנאי שתביא ארבעה

גברים עדים, אחרת היא מוקעת כנואפת. נו, מה אתם חושבים?
האם זה צודק? אבל מישהו כתב זאת פעם ויש המון, המון בני אדם
בעולם (לא כל המוסלמים) שחושבים שחוק זה ניתן על ידי האל.
האם אני יכול לקבל זאת? האם אני נדרש לקרוא את כל שאר חוקי
הקוראן בכדי לדעת שהם לא ניתנו על ידי בורא העולם? צאו, חשבו
ופקחו עיניים.

על האמונה

כאשר מספרים לנו עובדות או טוענים בפנינו טענות, יש בפנינו שתי אפשרויות – להאמין או לא להאמין. אנו יכולים, כמובן, להשהות את החלטתנו עד שנבדוק את הטענות או העובדות שמונחות בפנינו.
אנשים נוטים לקבל טענות כאשר המקור אמין והטענות סבירות ולדחות אותן כאשר הן נראות מצוצות מן האצבע, מלאות בסתירות פנימיות, או באות ממקור לא אמין.

לרוב אנו מאמינים בטענות סבירות שאפשר להוכיחן, למרות שעדיין לא הוכיחו לנו אותן. מעטים מאיתנו ראו הוכחות חותכות לכך שכדור הארץ עגול ולמרות זאת אנו מאמינים בכך, משום שאנו יודעים שישנן הוכחות לכך, למרות שלא הוכיחו זאת לנו אישית. אולם יש מקרים לא מעטים שבהם אנו מאמינים באמונה מסוימת, למרות שאין לכך הוכחה בכלל. דוגמה קלאסית לטענה כזאת (למרות שכיום יש גם תיאוריה הפוכה) היא האקסיומה של אוקלידס בהנדסת המישור שטען את הטענה הבאה: מנקודה מחוץ לישר אפשר להעביר רק קו מקביל אחד לישר. אלפי שנים הייתה טענה זאת מקובלת למרות שאי אפשר להוכיח אותה, מהסיבה הפשוטה שהיא מאוד סבירה ואינטואיטיבית. קשה לנו אפילו לתאר מצב שבו טענה זאת לא אמתית ולכן אנו מ א מ י נ י ם בה. לפיכך, אנו מאמינים בטענה שאנו לא יכולים להוכיח ועושים זאת בלב שלם משום שהיא סבירה ביותר בכל היבט.

אנו לא יודעים כיצד העולם נוצר ולאיזו תכלית. וכן איננו יודעים למה אנו נוצרנו ומה יקרה לנו לאחר שנמות, והנה באות דתות שונות ונותנות לנו תשובה. הן טוענות שישנו אל שיצר אותנו, הוא זה שמנהל את העולם והוא זה שדואג לצדק, אם לא בעולם זה אז בעתיד (באמצעות גלגולי נשמות, בריאת גן עדן וגיהינום או תחיית המתים עם בוא המשיח).

האם אפשר להוכיח את הטענה הזאת? בוודאי שלא, הרי הגאולה

עדיין לא הגיעה ואיש עדיין לא חזר עם עדויות מעולם האמת. לכן
האמונה באל היא אמונה שאינה ניתנת להוכחה (למרות שנעשו
ניסיונות שונים לעשות זאת), אבל למרות זאת היא אינה בלתי
סבירה ובוודאי שאינה נוגדת את ההיגיון. לכן לא צריך להיות בלתי
רציונלי על מנת להאמין בה ואיש איש לפי דרכו "רשאי" להאמין
באל, אם חפץ הוא בכך.

כפי שציינתי בפתיחת הדיון על האמונה, אנו כבני אדם מאמינים
בטענות שהן סבירות ובאו ממקור סביר והטענה בדבר קיומו של אל
שברא את העולם אינה בלתי סבירה, לכן רוב בני האדם מאמינים
בה. זאת לא הסיבה היחידה שאנו מאמינים באל, אבל הסבירות של
הטענה (לפחות לכאורה) הכרחית.

בספר קצר זה אני לא אתמודד בכלל עם השאלה: האם יש אל
שברא את העולם, כי מבחינתי זהו דיון עקר. הרי לאף אחד אין
הוכחות לאמיתות הטענה או להפרכתה ואיש איש באמונתו יחיה
בהנאה. אני אישית איני מאמין באל אחד, כל יכול, ששולט בעולם
בכל רגע ועושה צדק שהוא כל כך נסתר, שקשה לראותו, אבל מי
שרוצה להאמין בכך שירווח לו ואין הדבר מעלה או מוריד מהערכתי
אליו או מיושרו.

הספר הזה דן בשאלות אלו בלבד:

א. האם בורא עולם נתן את התורה למשה?
ב. האם הרבנים מאמינים בתורה והם דובריו של האל ופרשני
מצוותיו?

בספר זה אני אראה באופן ברור שטענות אלה אינן סבירות בכלל,
ושהרצון של הרבנים בציות מוחלט באמונה עיוורת והצורך החזק
לנתק בין אמת לאמונה ובין דת למצפון, נובעים רק מכך שהם אוסף
של צבועים ורודפי כבוד ושררה.

הרבנים מנצלים את האמונה של בני האדם באל, שהיא אמונה
סבירה, מינו עצמם למומחים לאל ולדובריו ומוכרים לקהלם סיפורי

15

בדים בפרטי פרטים על עולמות עליונים שאין להם שום הבנה בהם,
בכדי לשלוט בהם ולצבור מהם כבוד, כוח ושררה.

על שכנוע ושכנוע עצמי

אנו נוטים לחשוב, באופן נאיבי, שרוב האנשים מחזיקים בדעות מסוימות או באמונות מסוימות משום שאלו מתקבלות על דעתם ונראות להם הגיוניות וצודקות. יש בנו מן נאיביות כזאת שמאמינה שרוב האנשים שוקלים את כל הדעות השונות ולאחר מכן מחליטים במה להאמין או לתמוך. האמת המצערת היא שזה לא המצב בכלל, במיוחד לגבי אמונות שדורשות התנהגות מוגדרת או אורח חיים ספציפי. מעט מאוד בני אדם בעולם משנים את התנהגותם כתוצאה מהארה פתאומית או תובנה חדשה ולאחר שהשתכנעו שהתנהגותם לא הגיונית או בלתי מוסרית. גם כאשר נראה לכאורה שאנשים משנים התנהגות לכוון מסוים מתוך שכנוע, נגלה ברוב המקרים, אם נחקור זאת לעומק, שישנו מניע זר ונוסף שנובע משינוי במצב האישי, החברתי או הכלכלי. בקיצור, חוק ההתמדה בפיזיקה עובד גם אצל בני אדם והם לא ישנו כיוון עד אשר יופעל "כוח חיצוני" שיסית אותם ממסלולם. ככל שהנתיב שלהם ברור ומובהק יותר, נדרש כוח רב יותר כדי לעשות זאת, ולצערי טיעונים הגיוניים או מוסריים הם לא בעלי "כוח" חזק מספיק לגבי מרבית האנשים בעולם.

לכן, אין פלא בכלל, שרוב רובם של המוסלמים נשארים מוסלמים, הנוצרים נשארים נוצרים, דתיים דתיים, סוציאליסטים סוציאליסטים, ומעשנים מעשנים ולכל מדינה וקבוצת כדורגל פטריוטים משלה.
הסיבה העיקרית להתנהגותם המקובעת של בני האדם פשוטה – קשה מאוד לשנות התנהגות והלחץ החברתי כנגד שינוי כלשהו עצום. גם כאשר אדם מגלה ניגוד מוחלט בין ההתנהגות שלו לבין ההגיון או המצפון הוא עדיין ימשיך לדבוק בהתנהגות ככל שיוכל, כי אותה קשה מאוד לשנות. במצב זה, של סתירה בין ההתנהגות לדעה, הוא כמעט תמיד ישנה את הדעה ולא את ההתנהגות, כי זה יותר קל ונוח. כל חכמי הדת בכל הדתות, ולא רק הם, יודעים עובדה זאת ומנצלים אותה עד תום. הרבנים אומרים "**המחשבות הולכות אחר המעשים**", ו"**מתוך שלא לשמה בא לשמה**", והעקרון הוא "**נעשה**

ונשמע". קודם כול תתנהג באופן דתי, תקיים מצוות, תחבוש כיפה, תניח תפילין, תברך ותתפלל, ואת הנימוקים לכך תמצא כבר לבד בהמשך. כי ברגע שעשית זאת אתה גם תצדיק זאת, משום שבסתירה שבין ההתנהגות לדעה ההתנהגות תמיד מנצחת.

נעקוב לרגע אחר ההתנהגות של מעשן ותיק. הוא בדרך כלל מתחיל לעשן בגיל צעיר ולא מתוך חחלטה תבונית אלא באקראי, חבר הציע לו סיגריה והוא התחיל לעשן. כשהתחיל לעשן לפני עשרים או שלושים שנה לא היה מידע רב על הנזק שבעישון ולכן העישון לא סתר שום דעה שהייתה קיימת אצלו בצעירותו והוא לא חי בסתירה בין ההתנהגות שלו לשום דעה רווחת לגבי הסכנה לבריאותו. לרוע מזלו של ידידנו לאט לאט עם השנים החלו לבצבץ כתבות מדעיות כנגד עישון, מה הוא יעשה עכשו? בשלב הראשוני הוא פשוט "לא רואה" את הכתבות, למרות שהן כתובות בעיתון היומי שהוא קורא בכל בוקר. עד שיום אחד מכר שלו מצביע במפורש על הכתבות. התגובה הראשונית שלו היא כמובן "שטויות", "סבא שלי עישן וחי עד שמונים", "אני מכיר גם רופאים שמעשנים", "מה, כולם טועים". אבל למכר זה נוספו גם האשה והאחים וכולם מבקשים ממנו להפסיק, כי הם דואגים לבריאותו, ועכשו מה הוא יעשה? התגובה שלו תהיה כעס מידי, הוא יכעס על כל מי שיעיר לו "תעזבו אותי", "זה לא עניינכם" ובשילוב עם "זה טוב לי" ו"זה מרגיע אותי". בקיצור, הכול על מנת לא לשנות את ההרגל. הוא יעשה הכול בכדי להמשיך לעשן, כי זה לא קל להפסיק, ולא רק בגלל ההתמכרות לניקוטין שאותה אפשר לפתור בעזרת מדבקות ניקוטין. הדרך היחידה שלו החוצה מהעישון היא לצערנו רק משבר בריאותי, כי עד אשר לא יהיה משבר כזה הוא לא יתעשת.

מבלי להכנס לוויכוח פוליטי, קחו למשל קיבוצניק שמאלני אדוק או מתנחל אדוק, הם יעברו בדיוק את אותם שלבים של הדחקה, כעס והצדקות רק כדי לא לשנות את התנהגותם, גם כאשר אין לאילו שום אחיזה במציאות. כי מרגע שעיצבנו את ערכינו ואת תדמיתנו קשה לנו מאוד לשנותם. כל אחד מאיתנו בוודאי אומר לעצמו כרגע "זה לא אני, אני משנה את דעתי כשמוכיחים לי שאני טועה, זה הם שלא לומדים ולא משנים את דעתם". בספר זה ניתנת לכם הזדמנות

נדירה להוכיח שאתם דוברים אמת וכשמוכיחים לכם שאתם טועים, אתם באמת משנים את ההתנהגותכם.

עכשו, כנסו לנעליו של אדם דתי נשוי עם ילדים, כשיום בהיר אחד הוא מגלה סתירה מהותית בתורה או שטוענים בפניו שכל חייו הם טעות ושהרבנים "עבדו" עליו. הוא נמצא בסכנה ממשית, משום שכל המצוות שטרח לקיים בדקדוק קפדני היו לשווא כי הם לא ניתנו על ידי בורא עולם, אלא הומצאו על ידי בני אדם. מה אתם מצפים ממנו שיעשה? שיזרוק את המשפחה שלו? את כל המכרים שלו, את השכונה והחברים שלו ויגיד "סליחה טעיתי"? גם אם נראה לו אורים ותומים הוא לא יעשה זאת – זה כמעט בלתי אפשרי והרבנים דאגו לכך מראש, שזה לעולם לא יהיה אפשרי. הם סגרו אותו מכל הכיוונים בצעירותו וכשהתפכח, זה היה כבר מאוחר מדי. הוא שבוי. כל שנותר לו לעשות זה למצוא תירוצים מתחת לאדמה בכדי ליישב את הסתירות בין דת הרבנים לבין האמת וזאת על מנת לא לחיות בסתירה אישית איומה.

האם עכשו מפליא אתכם שישנם מדענים ופרופסורים דתיים? תבדקו בבקשה, מה הם היו קודם מדענים או דתיים, וכמה שנים הם היו דתיים לפני שהיו מדענים, משפטנים או פילוסופים ותקבלו את התשובה לבד. הגדיל לעשות פרופסור ליבוביץ', זכרונו לברכה, שטען בלי שום בושה וברוב צביעות בספרו "דת, ערכים מדע" שאין קשר בין שלושת הנושאים הנ"ל ושלא צריך לנסות וליישב בין שלושת העולמות: לשיטת ליבוביץ', כאדם דתי הוא מאמין שהעולם נברא לפני כ- 5,700 וכמדען הוא מאמין שהוא נברא לפני כ 15 ביליון שנים. כאיש רוח מוסרי הוא טוען שעונש מוות להומוסקסואלים הוא בלתי מוסרי וכאיש דת הוא מקבל שצריך לסקול אותם באבנים. אילו פרופסור ליבוביץ' היה איש אמיץ וישר דרך, הוא היה מודה שמשום שאי אפשר ליישב את הדת עם המדע והמוסר, אין לנו ברירה אלא לזנוח אותה, משום שברור ומובן שהיא לא ניתנה על ידי בורא עולם ומלואו "שכולו חסד ואמת".

אבל פרופסור ליבוביץ' הוא מיעוט שבמיעוט בקרב אנשי הרוח והמדענים שזנחו את הדתות, היהודית, הנוצרית והמוסלמית, במשך

19

מאתים השנים האחרונות מתוך שכנוע עצמי חזק ביותר שהתורה, כולל הברית החדשה והקוראן, אינן משקפות את האמת או המוסר ולכן אינן יכולים להיות דברו של האל. אם מישהו מהקוראים רוצה לחיות בסכיזופרניה משולשת כל ימיו, כמו ליבוביץ', זכרנו לברכה, שירווח לו. הספר הזה פונה לאנשים עם יושרה ואומץ רוח שמסוגלים לשנות את דעתם ואורח חייהם, שכאשר מתגלה להם שאילו אינן נכונות או צודקות הם משנים אותם.

לכל אלה מכם שלמדו הנדסת המישור בתיכון, אני אספר על אדם נפלא, שחי לפני 2,500 שנה ושכולכם שמעתם את שמו, והוא פיטגורס ועל שמו נקרא משפט פיטגורס המפורסם לגבי משולשים ישרי זוית. על פי השקפתו של פיטגורס, קיימות שלוש דרכי-חיים שאדם יכול לבחור בהן: חיפוש אחר תענוגות והנאה, חיפוש אחר כבוד והערכה או חיפוש אחר החכמה. פיטגורס בנוסף להיותו מתמטיקן מדהים היה גם פילוסוף דגול שהטביע את המושג פילוסופיה, שפרושה ביוונית "אהבת החכמה" וכחלק מהישגים הרבים שלו, תוכלו למצוא את: המצאת לוח הכפל, הקביעה שהעולם עגול ונע, הטענה שגוף ונפש הם נפרדים ויש גילגול נשמות וגילוי הסולם המוסיקלי וחלוקתו לאוקטבות. פיטגורס עמד בראש מנזר הפיטגוראים שהעמיד מתמטיקאים מהרמה הראשונה. הם חיו חיי הגות והמנזר התנהל בקפדנות על צמחוניות טהורה, תוך שוויון מלא בין נשים לגברים ומטרתו עיון פילוסופי מדעי וחקר העולם ובעיקר הגיאומטריה.

הפיטגוראים האמינו שהעולם מורכב מיחסים בין מספרים טבעיים (מספרים שלמים וחיוביים) ושעל ידי חקירתם אפשר להסביר את העולם – מתנועת הכוכבים ועד למוסיקה. האגדה מספרת שתוך כדי המחקר שלהם הם גילו יום אחד שישנם מספרים ממשיים (לא רציונליים), כלומר מספרים שאי אפשר לתאר אותם כשבר פשוט בין שני מספרים טבעיים (כדוגמת הערך פיי). התגלית הזאת זעזעה את המנזר משום שהיא הפריכה את האמונה שלהם. לא ידועה בבירור השתלשלות העניינים מהרגע שפיטגוראים גילו עובדה זאת ועד שהמנזר חדל מלהתקיים, אבל מדהימה העובדה שגילוי מתמטי הביא לסופה של אמונה דתית ודרך חיים, וכל זאת רק משום

שהאמת גברה על האמונה העמוקה ובני אדם, בסופו של דבר, הודו בכך שטעו. רק תארו לכם איזה שברון נפש היה לאנשים האלה ואיזו התנגדות הייתה להם לגילוי המסעיר והמזעזע הזה, אבל למרות זאת האמונה לא שרדה כי לאנשים אין ברירה ובסופו של דבר הם נאלצים לאמץ אמונה חדשה שתואמת את האמת. עד היום למעלה מ- 2,000 שנה מאוחר יותר, כל נער ונערה בוגרי תיכון בעולם לומדים את פיטגורס וכל פקולטה לפילוסופיה מלמדת את מחשבתו. הידיעה שלנו היום שפיטגורס טעה בראיית העולם שלו לגבי המספרים הטבעיים אינה מפחיתה את תרומתו ואת ערכו בעינינו.

בעיניי פיטגורס הוא גיבור אמיתי, אבל הוא לא היחיד, מאות של מדענים ואנשי רוח בעולם שוקלים מחדש את דעותהם ואמונתם כאשר הם מגלים שלמרות שדבקו בה שנים רבות, היא אינה מתיישבת עם הידע המצטבר והעדכני שלנו על העולם. הידע האנושי נבנה במדרגות חלקן קטנות וחלקן גדולות, יש כאלה שמעלות אותנו מעלה ויש כאלה שמורידות אותנו מטה. הדרך הנכונה לעלות במעלה המדרגות של המוסר והמדע הוא להמשיך לחפש, להרהר, לפקפק, לפקוח עיניים לרווחה ומעל לכול, להיות ישרים עם עצמנו.

עד לפני כ- 200 שנה היה קשה מאוד למצא בכל העולם בני אדם שלא השתייכו לדת זאת או אחרת. המושג חופשיים או חילוניים פשוט לא היה קיים. מי שלא היה יהודי, היה נוצרי, או מוסלמי או האמין בדת אחרת. הביטו בעולם היום בעיקר באירופה, שאנו כל כך מתיימרים להיות שייכים אליה מבחינה תרבותית. למרות כל העליות והירידות, ברור שלאט לאט רווחת הדעה שהדתות הן המצאה אנושית ולא מתת האל לבני אדם. יחלפו שנים רבות עד שיקרה ליהדות, לאיסלם ולנצרות מה שקרה לכת הפיטגוראית, אבל זה יגיע ואנו כבני אדם נצא נשכרים מכך.

אני חוזר ומדגיש שאני מבחין הבחנה ברורה בין אנשים שומרי מצוות הדת לרבנים שמנהיגים אותם. הסיבה לכך נובעת מהכרתי בעובדה שלשנות אורח חיים דתי בחופשי בגיל מבוגר זה כמעט בלתי אפשרי ולכן אני מבין ובמידה רבה חס על אנשים דתיים שלא

מסוגלים לעשות את השינוי. רוב רובם מדחיקים את האמת עמוק בנפשם ומדגישים בדת את הטוב שבה, תוך התעלמות מהבלתי רצוי והבלתי ראוי. את הנבונים שביניהם לא תמצאו בין המטיפים לחזרה בתשובה או להקפדה יתרה על מצווה קלה כחמורה. בתורה שנכתבה על ידי בני אדם לפני אלפי שנים אפשר למצוא בקלות גם חכמה וחוקי מוסר יפים שרלוונטים לימינו והם מדגישים אותם. הרבנים סוגרים ילדים "בגיטאות" של בערות ושטיפת מוח על מנת לצבור מהם כוח ולהפכם לכבשים תמימות ומשועבדות. הם שמריצים מכוני שטיפת מוח של חזרה בתשובה לאנשים שלא קראו פרק אחד בתנ"ך במלואו ובעיניים פקוחות. עליהם אני מלין ואותם אני מכנה רודפי כבוד ורשעים. הם שולטים בקהלם ביד רמה ולא מניחים להם גם כאשר הם מתגייסים לצה"ל, והכול על מנת לא לאפשר להם בחירה חופשית וחשיפה לאמת.

אני לא ממליץ לאף אחד מכם לשנות את אמונתו ואת אורח חייו רק משום שיש לו כמה קושיות שאינו יכול לתרץ. אני נותן בספר זה לא מעט דוגמאות שמעלות שאלות קשות מאוד כנגד הדעה שהתורה ניתנה על ידי בורא העולם. ישנו הבדל עקרוני בין חוקי התורה שאין אנו יודעים את טעמם, כגון: האיסור לערב צמר ופשתים בלבוש (שעטנז), לבין חוקים שאנו כולנו יודעים באופן ברור ומובהק שהם לא מוסריים. ישנו הבדל גדול בין טענות מדעיות שאין לנו לגביהן ידיעות ברורות לבין כאלה שאין לגביהן מחלוקות בין המדענים. בהמשך אביא דוגמאות רבות לחוקים בלתי מוסריים בתורה ולשגיאות מדעיות מובהקות, למרות שדוגמה אחת בלבד מספיקה על מנת להוכיח את טענתי, וזאת על מנת לשכנע את הקורא במאת האחוזים. יכולתי למנות עוד עשרות של שגיאות לוגיות ומדעיות בתורה וכן כשלים מוסריים וחברתיים, אך ממש אין צורך בכך כי המבין יבין ואין העקש למד. קורא שלא יגיע למסקנה המתבקשת מהדוגמאות שאביא לא יגיע אליה גם אם אוריד את בורא העולם שיגיד לו זאת בעצמו.

ספר זה שלפניכם קוראיי, הוא קשה מאוד, כי הוא מגלה לכם את מה שאינכם רוצים לדעת. רבים מכם בכלל לא יהיו מעוניינים לקרוא ספר כזה, ואם אפילו יקבלוהו במתנה יזרקוהו מיד לפח. אחרים

יכעסו ויקללו אותי ויש גם כאלה. הרוב ימציאו הצדקות מיידיות לכל
טענה, אפילו לפני שהפנימו את הקושי שהיא מעלה, ויהיו אף כאלה
שיחפשו שגיאות כתיב או תחביר בספר בכדי "להוכיח" שהכול
שטויות. יהיו כאלה שדברים אלה "לא חידשו להם דבר", אבל
למרות זאת ספר זה ייתן חיזוק ואסמכתה לדעותיהם ויש שאפילו
מעטים שישבחוהו, אבל בעיקר אני מעוניין באותו קמצוץ של ישרי
דרך ואמיצי רוח של אנשים שנשבו בילדותם אחר שבי הרבנים,
שנפשם טהורה וכוונותיהם רצויות, שהרבנים הסתירו מהם בכוונה
תחילה וזדונית את הקושיות המועלות פה, ושלאחר שיקראו הספר
עד תומו ויתמודדו עם טענותיו, יסיקו מסקנות אמתיות ונבונות
בעצמם שיוכלו לחיות אתם בהרמוניה בדרכם לעתיד. אסיים באמרה
יפה שאומרת הכול והיא: "אפשר להוליך את העם במדבר 40 שנה,
אבל אי אפשר להכריח אותו ללמוד את הדרך". שכנוע הוא עניין
עצמי, מי שרוצה משתכנע ומי שלא רוצה ימצא תמיד תירוצים.

חמש מעלות אל האמת

מעלה ראשונה

חוקי התורה שלא מלמדים בשיעורי תנ"ך.

האם ייתכן שלבורא היקום ערכים והגיון נחותים משלנו?

שמות 21 פסוק 7
ז וְכִי-יִמְכֹּר אִישׁ אֶת-בִּתּוֹ, לְאָמָה--לֹא תֵצֵא, כְּצֵאת הָעֲבָדִים.

לפי הרבנים מדובר בילדות עד גיל 12 שהופכות לפילגשים של האדון ובניו עד שמגיעות לגיל 12 ורק אז יוצאות לחופשי.

האם האל מרשה לאבות למכור את בנותיהם לשפחות ומי כתב את החוק הזה?
האם לא מגיע לאב עונש?
האם לא צריך לשחרר הבנות מיד?
האם מישהו מציע שנאמץ חוק זה כיום?
האם לא מדהים אתכם החוק "הנפלא" הזה?
האם תמצא אם אחת שמוכנה לחוקק חוק זה כיום בישראל?
האם האל שברא את כל העולם כתב חוקים "נצחיים" שכאלה?

דברים 22 פסוקים 28-29
כח כִּי-יִמְצָא אִישׁ, נַעֲרָ בְתוּלָה אֲשֶׁר לֹא-אֹרָשָׂה, וּתְפָשָׂהּ, וְשָׁכַב עִמָּהּ; וְנִמְצָאוּ. כט וְנָתַן הָאִישׁ הַשֹּׁכֵב עִמָּהּ, לַאֲבִי הַנַּעֲרָ--חֲמִשִּׁים כָּסֶף; וְלוֹ-תִהְיֶה לְאִשָּׁה, תַּחַת אֲשֶׁר עִנָּהּ--לֹא-יוּכַל שַׁלְּחָהּ, כָּל-יָמָיו.

האם הפרס בתורה לאנסים (שישאו את הנאנסת לאישה) צודק?
האם מישהו מכם מוכן שחוק זה יחול על בני משפחתו?
האם כשיורשע הנשיא קצב הוא צריך לשאת את כל הנאנסות לנשים לכל חייו?
למה אתם חושבים שהרבנים לא פוצים פה בפרשת קצב שהם הריצו

24

לנשיאות?

האם לא ברור שמדובר בתקופה שבה לנשים נאנסות לא היו שום זכויות או עתיד ולכן חוק אבסורדי זה היה בכלל אפשרי?

האם בורא העולם נותן לבני אדם חוקים נצחיים או חוקים שעם השנים נראים מעוותים לחלוטין?

<u>**דברים 22 פסוקים 23-24**</u>

כג כִּי יִהְיֶה נַעֲרָ בְתוּלָה, מְאֹרָשָׂה לְאִישׁ; וּמְצָאָהּ אִישׁ בָּעִיר, וְשָׁכַב עִמָּהּ. כד וְהוֹצֵאתֶם אֶת-שְׁנֵיהֶם אֶל-שַׁעַר הָעִיר הַהִוא, וּסְקַלְתֶּם אֹתָם בָּאֲבָנִים וָמֵתוּ--אֶת-הַנַּעֲרָ עַל-דְּבַר אֲשֶׁר לֹא-צָעֲקָה בָעִיר, וְאֶת-הָאִישׁ עַל-דְּבַר אֲשֶׁר-עִנָּה אֶת-אֵשֶׁת רֵעֵהוּ; וּבִעַרְתָּ הָרָע, מִקִּרְבֶּךָ.

בחורה מאורסת שנאנסה בעינוי בעיר חייבת בדין מוות משום שלא צעקה?

האם הבחנתם שמדובר בפירוש בעינוי האישה ולא בהסכמתה ליחסי המין?

הרבנים טוענים שמדובר במין בהסכמת האישה, האם הם לא מבינים את הנקרא?

האם אין גבול לצביעות ולגלגולי העיניים של הרבנים?

האם הם טוענים כך רק משום שאפילו להם זה נראה אכזרי ולא סביר בעליל?

האם אתם מכירים רב אחד שמוכן שחוק זה יחול על בנותיו, גם אם נעשה בהסכמת האישה?

האם לא ברור שהחוק בא להגן למעשה על זכויות הבעל ולא על האישה?

<u>**שמות 22 פסוקים 15-16**</u>

טו וְכִי-יְפַתֶּה אִישׁ, בְּתוּלָה אֲשֶׁר לֹא-אֹרָשָׂה--וְשָׁכַב עִמָּהּ: מָהֹר יִמְהָרֶנָּה לּוֹ, לְאִשָּׁה. טז אִם-מָאֵן יְמָאֵן אָבִיהָ, לְתִתָּהּ לוֹ--כֶּסֶף יִשְׁקֹל, כְּמֹהַר הַבְּתוּלֹת.

זהו העונש המקראי לפדופילים! האם יש מישהו שממליץ לקיים אותו?

האם ישנה רבנית אחת שמוכנה שזה יהיה גזר דין מפתה בנותיה?

כמה פדופילים היו לדעתך בישראל אם חוק "נהדר" זה היה עובר בכנסת?
מה אתם חושבים עכשיו על מי שמציע להחיל את החוק היהודי בישראל?
מה אתם חושבים על מי שמתפלל כל יום למשיח שיבוא ויחזיר עטרה ליושנה?
האם בורא העולם נתן חוקים אלה, לדעתכם, או שהם נכתבו על ידי אנשים פרימיטיביים שחיו אלפי שנים לפני שנוצרו חוקים להגנת הילד והאישה?

<u>דברים 22 פסוקים 13-21</u>

יג כִּי-יִקַּח אִישׁ, אִשָּׁה; וּבָא אֵלֶיהָ, וּשְׂנֵאָהּ. יד וְשָׂם לָהּ עֲלִילֹת דְּבָרִים,
וְהוֹצִא עָלֶיהָ שֵׁם רָע; וְאָמַר, אֶת-הָאִשָּׁה הַזֹּאת לָקַחְתִּי, וָאֶקְרַב אֵלֶיהָ,
וְלֹא-מָצָאתִי לָהּ בְּתוּלִים. טו וְלָקַח אֲבִי הַנַּעֲרָ, וְאִמָּהּ; וְהוֹצִיאוּ אֶת-בְּתוּלֵי
הַנַּעֲרָ, אֶל-זִקְנֵי הָעִיר--הַשָּׁעְרָה. טז וְאָמַר אֲבִי הַנַּעֲרָ, אֶל-הַזְּקֵנִים: אֶת-בִּתִּי,
נָתַתִּי לָאִישׁ הַזֶּה לְאִשָּׁה--וַיִּשְׂנָאֶהָ. יז וְהִנֵּה-הוּא שָׂם עֲלִילֹת דְּבָרִים
לֵאמֹר, לֹא-מָצָאתִי לְבִתְּךָ בְּתוּלִים, וְאֵלֶּה, בְּתוּלֵי בִתִּי; וּפָרְשׂוּ, הַשִּׂמְלָה,
לִפְנֵי, זִקְנֵי הָעִיר. יח וְלָקְחוּ זִקְנֵי הָעִיר-הַהִוא, אֶת-הָאִישׁ; וְיִסְּרוּ, אֹתוֹ. יט
וְעָנְשׁוּ אֹתוֹ מֵאָה כֶסֶף, וְנָתְנוּ לַאֲבִי הַנַּעֲרָה--כִּי הוֹצִיא שֵׁם רָע, עַל בְּתוּלַת
יִשְׂרָאֵל; וְלוֹ-תִהְיֶה לְאִשָּׁה, לֹא-יוּכַל לְשַׁלְּחָהּ כָּל-יָמָיו. כ וְאִם-אֱמֶת הָיָה,
הַדָּבָר הַזֶּה: לֹא-נִמְצְאוּ בְתוּלִים, לַנַּעֲרָ. כא וְהוֹצִיאוּ אֶת-הַנַּעֲרָ אֶל-פֶּתַח
בֵּית-אָבִיהָ, וּסְקָלוּהָ אַנְשֵׁי עִירָהּ בָּאֲבָנִים וָמֵתָה--כִּי-עָשְׂתָה נְבָלָה בְּיִשְׂרָאֵל,
לִזְנוֹת בֵּית אָבִיהָ; וּבִעַרְתָּ הָרָע, מִקִּרְבֶּךָ.

האם צריך לסקול בחורה שבערב נישואיה מתגלה שאינה בתולה?
האם יש בחורה שמוכנה לאמץ חוק נצחי ומוסרי זה כיום?
האם הרבנים מלמדים חוק זה את כל הבנות בקורסים לחזרה בתשובה?
האם בורא עולם לא יודע שנערה יכולה לאבד בתוליה גם ללא קיום יחסי מין?
מי לדעתכם כתב את החוק המטורף הזה, בורא עולם?
הרבנים טוענים שמדובר בנערה שאורסה בגיל שלוש וכאשר הגיעה לגיל נערות התברר שאינה בתולה עם עדים שהתרו בה שלא תבגוד במשך השנים?

האם לא ברור לכל מי שקורא את הפסוקים שמדובר בתירוץ מטופש של הרבנים?

האם ילדה קטנה "שבוגדת" חייבת מיתה?

מה המשמעות של ההתראות שנתנו לה?

אם היו עדים שהיא בגדה שהתרו בה למה צריך בכלל הבעל לגלות שהיא לא בתולה ביום הנישואים?

האם צריך להעניש אותה במוות או להעניש את המטורפים שהשיאו אותה?

למה בכלל משיאים ילדה קטנה, והאם זאת לא זכותה להתנגד לבין זוגה?

האם הבחנתם שאם הבעל העליל עליה הוא לא חייב מיתה כי אם רק תשלום של כסף?

האם ההסבר של הרבנים לא מראה באיזו מערכת מוסר מעוותת הם חיים?

האם מישהו עוד חושב שהרבנים ראויים להיות דיינים?

האם עדיין יש לכם ספק שהתורה לא ניתנה על ידי בורא עולם ומלואו?

במדבר 27 פסוק 8

ח אִישׁ כִּי-יָמוּת, וּבֵן אֵין לוֹ--וְהַעֲבַרְתֶּם אֶת-נַחֲלָתוֹ, לְבִתּוֹ.

האם לבנות לא מגיעות זכויות ירושה?

יש לזכור שהשינוי שניתן פה הוא הקלה לנשים, אחרי שבנות צלופחד התלוננו למשה, האם אלוהים לא חשב לפני שבנות צלופחד התלוננו?

האם ידעתם שמכל תרי"ג מצוות התורה אין אפילו אחת שאוסרת הכאת נשים?

דברים 21 פסוקים 18-21

יח כִּי-יִהְיֶה לְאִישׁ, בֵּן סוֹרֵר וּמוֹרֶה--אֵינֶנּוּ שֹׁמֵעַ, בְּקוֹל אָבִיו וּבְקוֹל אִמּוֹ; וְיִסְּרוּ אֹתוֹ, וְלֹא יִשְׁמַע אֲלֵיהֶם. יט וְתָפְשׂוּ בוֹ, אָבִיו וְאִמּוֹ; וְהוֹצִיאוּ אֹתוֹ אֶל-זִקְנֵי עִירוֹ, וְאֶל-שַׁעַר מְקֹמוֹ. כ וְאָמְרוּ אֶל-זִקְנֵי עִירוֹ, בְּנֵנוּ זֶה סוֹרֵר וּמֹרֶה--אֵינֶנּוּ שֹׁמֵעַ, בְּקֹלֵנוּ; זוֹלֵל, וְסֹבֵא. כא וּרְגָמֻהוּ כָּל-אַנְשֵׁי עִירוֹ בָאֲבָנִים, וָמֵת, וּבִעַרְתָּ הָרָע, מִקִּרְבֶּךָ; וְכָל-

יִשְׂרָאֵל, יִשְׁמְעוּ וְיִרָאוּ.

האם אלוהים בעד הרג ילדים לא ממושמעים?
האם הכאת ילדים לא נלקחת פה כדבר מובן מאליו?
בנות בכלל לא בסיפור כי אפשר למכור אותן לשפחות והאדון יכול להכותן?
האם הייתם רוצים לחנך ולהתחנך לפי מצוות חוקי התורה האלה?

<u>שמות 31 פסוק 14</u>

יד וּשְׁמַרְתֶּם, אֶת-הַשַּׁבָּת, כִּי קֹדֶשׁ הִוא, לָכֶם; מְחַלְלֶיהָ, מוֹת יוּמָת--כִּי כָּל-
הָעֹשֶׂה בָהּ מְלָאכָה, וְנִכְרְתָה הַנֶּפֶשׁ הַהִוא מִקֶּרֶב עַמֶּיהָ.

<u>במדבר 15 פסוקים 32-36</u>

לב וַיִּהְיוּ בְנֵי-יִשְׂרָאֵל, בַּמִּדְבָּר; וַיִּמְצְאוּ ,אִישׁ מְקֹשֵׁשׁ עֵצִים--בְּיוֹם
הַשַּׁבָּת. לג וַיַּקְרִיבוּ אֹתוֹ, הַמֹּצְאִים אֹתוֹ מְקֹשֵׁשׁ עֵצִים--אֶל-מֹשֶׁה, וְאֶל-
אַהֲרֹן, וְאֶל, כָּל-הָעֵדָה. לד וַיַּנִּיחוּ אֹתוֹ, בַּמִּשְׁמָר: כִּי לֹא פֹרַשׁ ,מַה-
יֵּעָשֶׂה לוֹ. לה וַיֹּאמֶר יְהוָה אֶל-מֹשֶׁה, מוֹת יוּמַת הָאִישׁ; רָגוֹם אֹתוֹ
בָאֲבָנִים כָּל-הָעֵדָה, מִחוּץ לַמַּחֲנֶה. לו וַיֹּצִיאוּ אֹתוֹ כָּל-הָעֵדָה, אֶל-מִחוּץ
לַמַּחֲנֶה ,וַיִּרְגְּמוּ אֹתוֹ בָּאֲבָנִים, וַיָּמֹת: כַּאֲשֶׁר צִוָּה יְהוָה ,אֶת-מֹשֶׁה.

האם העונש המתאים למחללי שבת הוא מוות?
למי שלא היה ברור שבמוות הכוונה למוות אמתי אלוהים מבהיר זאת.
האם פרשנות הרבנים שאפילו חיתוך של נייר טואלט או כתיבה בשבת הם חילול שבת לא מפחידה אתכם פתאום?

<u>שמות 21 פסוקים 20-21</u>

כ וְכִי-יַכֶּה אִישׁ אֶת-עַבְדּוֹ אוֹ אֶת-אֲמָתוֹ, בַּשֵּׁבֶט, וּמֵת, תַּחַת יָדוֹ--נָקֹם,
יִנָּקֵם. כא אַךְ אִם-יוֹם אוֹ יוֹמַיִם, יַעֲמֹד--לֹא יֻקַּם, כִּי כַסְפּוֹ הוּא.

אתם בוודאי נפעמים מהחמלה שמגלה האל כלפי האמות והעבדים, שמותר להכות אותם רק בתנאי שימותו לאחר יומיים ולא מיד?
עכשיו כשלמדתם שאדם יכול למכור בנותיו לאמות, החוק מאוד מוסרי, נכון?

האם האל בעד נקמת דם על הרג?

האם הייתם רוצים לחיות בחברה שיש בה עבדים ושפחות מוכים?

האם הייתם רוצים לחיות בחברה שיש בה נקמת דם על הרג?

האם הייתם רוצים להחיל את חוקי ההבל האלה במערכת החוקים בישראל?

האם אתם מתפללים למשיח שיבוא במהרה כדי להשיב חוקים אלה לחיינו?

האם אתם בעד מתן רישיון לרבנים לשפוט אותנו לפי חוקי היהדות?

ויקרא 20 פסוקים 10-12, 14

י וְאִישׁ, אֲשֶׁר יִנְאַף אֶת-אֵשֶׁת אִישׁ, אֲשֶׁר יִנְאַף, אֶת-אֵשֶׁת רֵעֵהוּ--מוֹת-יוּמַת הַנֹּאֵף, וְהַנֹּאָפֶת. יא וְאִישׁ, אֲשֶׁר יִשְׁכַּב אֶת-אֵשֶׁת אָבִיו--עֶרְוַת אָבִיו, גִּלָּה; מוֹת-יוּמְתוּ שְׁנֵיהֶם, דְּמֵיהֶם בָּם. יב וְאִישׁ, אֲשֶׁר יִשְׁכַּב אֶת-כַּלָּתוֹ--מוֹת יוּמְתוּ, שְׁנֵיהֶם: תֶּבֶל עָשׂוּ, דְּמֵיהֶם בָּם.

יד וְאִישׁ, אֲשֶׁר יִקַּח אֶת-אִשָּׁה וְאֶת-אִמָּהּ--זִמָּה הִוא; בָּאֵשׁ יִשְׂרְפוּ אֹתוֹ, וְאֶתְהֶן, וְלֹא-תִהְיֶה זִמָּה, בְּתוֹכְכֶם.

האם העונש המתאים לכל חוטא במין הוא מוות?

האם חסרים לאל רעיונות אחרים לענישה חוץ מסקילה, שריפה, הרג וחנק?

ויקרא 20 פסוק 13

יג וְאִישׁ, אֲשֶׁר יִשְׁכַּב אֶת-זָכָר מִשְׁכְּבֵי אִשָּׁה--תּוֹעֵבָה עָשׂוּ, שְׁנֵיהֶם; מוֹת יוּמָתוּ, דְּמֵיהֶם בָּם.

האם העונש המתאים להומוסקסואלים הוא מוות?

שמות 22 פסוק 17

יז מְכַשֵּׁפָה, לֹא תְחַיֶּה.

האם שריפת המכשפות בימי הביניים על ידי הנוצרים לא נעשתה בהוראת התורה?

לפי הרבנים גם עיון בהורוסקופ זה מעשה כישוף, האם אתם בעד

שנשרוף את כל הפתאים שמאמינים באמונות טפלות?

<u>דברים 13 פסוקים 13-17</u>

יג כִּי-תִשְׁמַע בְּאַחַת עָרֶיךָ, אֲשֶׁר יְהוָה אֱלֹהֶיךָ נֹתֵן לְךָ לָשֶׁבֶת שָׁם--
לֵאמֹר. יד יָצְאוּ אֲנָשִׁים בְּנֵי-בְלִיַּעַל, מִקִּרְבֶּךָ, וַיַּדִּיחוּ אֶת-יֹשְׁבֵי עִירָם,
לֵאמֹר: נֵלְכָה, וְנַעַבְדָה אֱלֹהִים אֲחֵרִים--אֲשֶׁר לֹא-יְדַעְתֶּם. טו וְדָרַשְׁתָּ
וְחָקַרְתָּ וְשָׁאַלְתָּ, הֵיטֵב; וְהִנֵּה אֱמֶת נָכוֹן הַדָּבָר, נֶעֶשְׂתָה הַתּוֹעֵבָה הַזֹּאת
בְּקִרְבֶּךָ. טז הַכֵּה תַכֶּה, אֶת-יֹשְׁבֵי הָעִיר הַהִוא--לְפִי-חָרֶב: הַחֲרֵם אֹתָהּ
וְאֶת-כָּל-אֲשֶׁר-בָּהּ וְאֶת-בְּהֶמְתָּהּ, לְפִי-חָרֶב. יז וְאֶת-כָּל-שְׁלָלָהּ, תִּקְבֹּץ אֶל-
תּוֹךְ רְחֹבָהּ, וְשָׂרַפְתָּ בָאֵשׁ אֶת-הָעִיר וְאֶת-כָּל-שְׁלָלָהּ כָּלִיל, לַיהוָה אֱלֹהֶיךָ;
וְהָיְתָה תֵּל עוֹלָם, לֹא תִבָּנֶה עוֹד.

האם צריך להשמיד עיר שיש בה כופרים, משיחי שקר, מסיתים או מדיחים?
למה הורגים את החיות, במה הם חטאו?
האם הבחנת שכל השלל הולך שוב ושוב ישר לכיסם של הכהנים?
מה היה דינה של תל אביב במערכת משפט מעוות זאת?
האם אני שכתבתי ספר זה לא חייב בהרג מיידי?
האם את הקוראת או אתה הקורא הייתם שורדים?
האם לא ברור שאף אחד מהחוקים האלה מעולם לא מומש?
האם לא היו חוטאים בעבר? או שאולי אפילו הרבנים מבינים שאלו חוקים מטורפים ולכן מצאו תמיד תירוצים לא לקיימם?

<u>דברים 20 פסוקים 10-17</u>

י כִּי-תִקְרַב אֶל-עִיר, לְהִלָּחֵם עָלֶיהָ--וְקָרָאתָ אֵלֶיהָ, לְשָׁלוֹם.
יא וְהָיָה אִם-שָׁלוֹם תַּעַנְךָ, וּפָתְחָה לָךְ: וְהָיָה כָּל-הָעָם הַנִּמְצָא-בָהּ, יִהְיוּ לְךָ
לָמַס--וַעֲבָדוּךָ. יב וְאִם-לֹא תַשְׁלִים עִמָּךְ, וְעָשְׂתָה עִמְּךָ מִלְחָמָה--וְצַרְתָּ,
עָלֶיהָ. יג וּנְתָנָהּ יְהוָה אֱלֹהֶיךָ, בְּיָדֶךָ; וְהִכִּיתָ אֶת-כָּל-זְכוּרָהּ, לְפִי-חָרֶב. יד
רַק הַנָּשִׁים וְהַטַּף וְהַבְּהֵמָה וְכֹל אֲשֶׁר יִהְיֶה בָעִיר, כָּל-שְׁלָלָהּ--תָּבֹז לָךְ;
וְאָכַלְתָּ אֶת-שְׁלַל אֹיְבֶיךָ, אֲשֶׁר נָתַן יְהוָה אֱלֹהֶיךָ לָךְ. טו כֵּן תַּעֲשֶׂה לְכָל-
הֶעָרִים, הָרְחֹקֹת מִמְּךָ מְאֹד, אֲשֶׁר לֹא-מֵעָרֵי הַגּוֹיִם-הָאֵלֶּה, הֵנָּה. טז רַק,
מֵעָרֵי הָעַמִּים הָאֵלֶּה, אֲשֶׁר יְהוָה אֱלֹהֶיךָ, נֹתֵן לְךָ נַחֲלָה--לֹא תְחַיֶּה, כָּל-
נְשָׁמָה. יז כִּי-הַחֲרֵם תַּחֲרִימֵם, הַחִתִּי וְהָאֱמֹרִי הַכְּנַעֲנִי וְהַפְּרִזִּי, הַחִוִּי,
וְהַיְבוּסִי--כַּאֲשֶׁר צִוְּךָ, יְהוָה אֱלֹהֶיךָ.

האם מישהו מעדיף את חוקי התורה על אמנת ז'נבה?
האם מי שכתב את חוקי ועדת ז'נבה חכם יותר מבורא היקום?
מי לדעתכם כתב חוקים אלה ובאיזו תקופה?

יהושע 6 פסוקים 17, 19, 21

יז וְהָיְתָה הָעִיר חֵרֶם הִיא וְכָל-אֲשֶׁר-בָּהּ, לַיהוָה: רַק רָחָב הַזּוֹנָה תִּחְיֶה, הִיא וְכָל-אֲשֶׁר אִתָּהּ בַּבַּיִת--כִּי הֶחְבְּאַתָה, אֶת-הַמַּלְאָכִים אֲשֶׁר שָׁלָחְנוּ.

יט וְכֹל כֶּסֶף וְזָהָב, וּכְלֵי נְחֹשֶׁת וּבַרְזֶל--קֹדֶשׁ הוּא, לַיהוָה: אוֹצַר יְהוָה, יָבוֹא.

כא וַיַּחֲרִימוּ, אֶת-כָּל-אֲשֶׁר בָּעִיר, מֵאִישׁ וְעַד-אִשָּׁה, מִנַּעַר וְעַד-זָקֵן; וְעַד שׁוֹר וָשֶׂה וַחֲמוֹר, לְפִי-חָרֶב.

האם ייתכן שאת חוקי התורה הבאים לידי ביטוי בכיבושי יהושע –
השמדה טוטלית ואכזרית והשלל לכהנים – נתן יוצר היקום?
מי מצווה לשחוט את כל התינוקות והחיות, בורא היקום או החפצים בשלל?
מי האכזרי שרוצח את כולם, האל שברא את כל הברואים או יהושע?
האם לא ברור שאילו חוקים המשקפים את תרבות העולם העתיק
ולא את רצונו של בורא עולם?

שמות 30 פסוקים 14-16

יד כֹּל, הָעֹבֵר עַל-הַפְּקֻדִים, מִבֶּן עֶשְׂרִים שָׁנָה, וָמָעְלָה--יִתֵּן, תְּרוּמַת יְהוָה. טו הֶעָשִׁיר לֹא-יַרְבֶּה, וְהַדַּל לֹא יַמְעִיט, מִמַּחֲצִית, הַשָּׁקֶל--לָתֵת אֶת-תְּרוּמַת יְהוָה, לְכַפֵּר עַל-נַפְשֹׁתֵיכֶם. טז וְלָקַחְתָּ אֶת-כֶּסֶף הַכִּפֻּרִים, מֵאֵת בְּנֵי יִשְׂרָאֵל, וְנָתַתָּ אֹתוֹ, עַל-עֲבֹדַת אֹהֶל מוֹעֵד; וְהָיָה לִבְנֵי יִשְׂרָאֵל לְזִכָּרוֹן לִפְנֵי יְהוָה, לְכַפֵּר עַל-נַפְשֹׁתֵיכֶם.

האם מס אחיד לפי גולגולת (לעשיר ולעני) צודק?
למה הרבנים לא מציעים להחליף את מערכת המיסים במס אחיד

לגולגולת?
האם, לדעתכם, בני אדם מסוגלים לחבר חוקים ראויים יותר מבורא היקום?
האם בורא העולם הוא כזה פשטני או מחברי התורה?
במילים אחרות, האם התורה ניתנה מבורא עולם כדי להישמר לנצח נצחים?

עוד כמה שאלות פשוטות

אילו הם רק מקצת החוקים "המוזרים" בתורה שפשוט מחביאים
אותם, "מרוב בושה", בשיעורי התנ"ך. ברור שישנם חוקים אחרים
שהם טובים וראויים. האם משהו מעלה על דעתו שבני אדם לא
מסוגלים לכתוב חוקים ראויים? האם בשביל לחבר חוקים, כגון:
"כבד את אביך ואמך" ו"לא תגנוב ולא תרצח" צריך את גודל חכמתו
של בורא היקום?
צאו וחשבו באופן הכי טבעי ואמתי' מי לדעתכם כתב חוקים אלה?
באיזו תקופה, לדעתכם, הם נכתבו, ועבור מי?
האם ייתכן שבורא היקום ציווה לבני אדם חוקים אלה?
האם ייתכן שלבורא היקום יש ערכים נחותים משלנו?
האם הם אמורים להיות נצחיים?
האם אתם מכירים אפילו אדם אחד שחושב שהחוקים האלה
מוסריים?
האם אתם חושבים שכדאי לאמצם או אולי רוצים שנקיימם בעתיד?
למה, לדעתכם, הרבנים עושים שמיניות רק כדי להימנע מקיום
מצוות אלה?
האם הרבנים באמת מאמינים שבורא העולם קבע חוקים אלה?
מאיפה לרבנים החוצפה להתעלם מחוקיו של בורא העולם או
לשנותם?
האם לרבנים יש מוסר ושכל יותר ממי שברא את כל היקום?
האם הרבנים באמת מאמינים שמי שלא מקיים את מצוות התורה
הולך לגיהינום?
למה הרבנים כל כך מקפידים לקיים חלק מהמצוות כלשונן ובעת
ובעונה אחת מתעלמים לחלוטין מצוויים ברורים לחלוטין?
האם הרבנים לא בחרו להקפיד רק על חוקי התורה שנותנים להם
כסף ושררה?
ולסיכום, האם אתם חושבים לרגע שהרבנים באמת ובתמים
מאמינים שחוקים אלה ניתנו על ידי בורא העולם כדי שנקיימם לנצח
נצחים, כפי שהם טוענים?
אם תמשיכו לקרוא תגלו עוד הרבה הפתעות נעימות...

מעלה שנייה

התורה מול האמת הפשוטה שכולנו יודעים.

האם ייתכן שבורא העולם לא מכיר את הטבע שהוא עצמו ברא?

ויקרא 11 פסוקים 20, 23

כ כֹּל שֶׁרֶץ הָעוֹף, הַהֹלֵךְ עַל-אַרְבַּע--שֶׁקֶץ הוּא, לָכֶם.

כג וְכֹל שֶׁרֶץ הָעוֹף, אֲשֶׁר-לוֹ אַרְבַּע רַגְלָיִם--שֶׁקֶץ הוּא, לָכֶם.

רבי שלמה יצחקי (רש"י) אומר במפורש שמדובר בזבובים, דבורים ויתושים, האם הוא טועה בפרשנותו?

האם אליו לא עברה התורה שבעל פה שהרבנים כל כך סומכים עליה?

האם בורא כל היצורים בטבע לא יודע שחרקים מעופפים אלה לא הולכים על ארבע אלא על שש?

בדקו זאת בעצמכם בפעם הבאה שתיתקלו בזבוב, דבורה או יתוש, באמת שאין הכרח להיות מדען או אפילו לעיין באנציקלופדיה לטבע. כמה חרקים יש לדעתכם בעולם עם ארבע רגליים?

האם לא ברור שמי שכתב פסוקים אלה ישב וכתב לו מבלי להבין בטבע?

האם לא ברור שטעות כזאת לא יכולה להיעשות על ידי בורא העולם?

האם זאת לא הוכחה חותכת שבני אדם כתבו את המקרא?

ויקרא 11 פסוקים 5-6

ה וְאֶת-הַשָּׁפָן, כִּי-מַעֲלֵה גֵרָה הוּא, וּפַרְסָה, לֹא יַפְרִיס; טָמֵא הוּא, לָכֶם. ו

וְאֶת-הָאַרְנֶבֶת, כִּי-מַעֲלַת גֵּרָה הִוא, וּפַרְסָה, לֹא הִפְרִיסָה; טְמֵאָה הִוא, לָכֶם.

האם בורא כל החיות והבהמות לא יודע ששפן וארנבת אינם מעלה גרה?

האם השפן והארנבת עברו מהפכה בדרכי העיכול מאז כתיבת התורה?

34

מי עושה שגיאות גסות כאלה בטבע ומי כתב את הדברים האלה?
אם שפן הוא לא שפן וארנבת היא לא ארנבת, מי מכם יכול להצביע על החמור?

ויקרא 11 פסוקים 10, 12

י וְכֹ ל אֲשֶׁר אֵין-לוֹ סְנַפִּיר וְקַשְׂקֶשֶׂת, בַּיַּמִּים וּבַנְּחָלִים, מִכֹּ ל שֶׁרֶץ הַמַּיִם,
וּמִכֹּ ל נֶפֶשׁ הַחַיָּה אֲשֶׁר בַּמָּיִם--שֶׁקֶץ הֵם, לָכֶם.
יב כֹּ ל אֲשֶׁר אֵין-לוֹ סְנַפִּיר וְקַשְׂקֶשֶׂת, בַּמָּיִם--שֶׁקֶץ הוּא, לָכֶם.

האם הבורא לא יודע שכל הדגים בעלי קשקשת הם גם בעלי סנפירים?
למה הכפילות, האם לא היה מספיק לכתוב תנאי אחד בלבד?
האם לא ברור שמי שכתב חוק זה לא ידע את טבעם של הדגים?
האם זה מפתיע אתכם שכל הבורות הזאת בטבע מופיעה בפרק אחד בספר ויקרא, שהוא ספר כהנים במהותו?

בראשית 11 פסוקים 1-9

א וַיְהִי כָל-הָאָרֶץ, שָׂפָה אֶחָת, וּדְבָרִים ,אֲחָדִים. ב וַיְהִי, בְּנָסְעָם מִקֶּדֶם;
וַיִּמְצְאוּ בִקְעָה בְּאֶרֶץ שִׁנְעָר, וַיֵּשְׁבוּ שָׁם. ג וַיּ ֹאמְרוּ אִישׁ אֶל-רֵעֵהוּ, הָבָה
נִלְבְּנָה לְבֵנִים, וְנִשְׂרְפָה, לִשְׂרֵפָה; וַתְּהִי לָהֶם הַלְּבֵנָה , לְאָבֶן, וְהַחֵמָר ,הָיָה
לָהֶם לַח ֹמֶר. ד וַיּ ֹאמְרוּ הָבָה נִבְנֶה-לָּנוּ עִיר, וּמִגְדָּל וְר ֹאשׁוֹ בַשָּׁמַיִם,
וְנַעֲשֶׂה-לָּנוּ ,שֵׁם: פֶּן-נָפוּץ, עַל-פְּנֵי כָל-הָאָרֶץ. ה וַיֵּרֶד יְהוָה, לִרְא ֹת אֶת-
הָעִיר וְאֶת-הַמִּגְדָּל, אֲשֶׁר בָּנוּ, בְּנֵי הָאָדָם. ו וַיּ ֹאמֶר יְהוָה, הֵן עַם אֶחָד
וְשָׂפָה אַחַת לְכֻלָּם, וְזֶה, הַחִלָּם לַעֲשׂוֹת; וְעַתָּה ל ֹא-יִבָּצֵר מֵהֶם, כֹּ ל אֲשֶׁר
יָזְמוּ לַעֲשׂוֹת. ז הָבָה ,נֵרְדָה ,וְנָבְלָה שָׁם, שְׂפָתָם--אֲשֶׁר ל ֹא יִשְׁמְעוּ ,אִישׁ
שְׂפַת רֵעֵהוּ. ח וַיָּפֶץ יְהוָה א ֹתָם מִשָּׁם, עַל-פְּנֵי כָל-הָאָרֶץ; וַיַּחְדְּלוּ, לִבְנ ֹת
הָעִיר. ט עַל-כֵּן קָרָא שְׁמָהּ, בָּבֶל, כִּי-שָׁם בָּלַל יְהוָה, שְׂפַת כָּל-הָאָרֶץ; וּמִשָּׁם
הֱפִיצָם יְהוָה, עַל-פְּנֵי כָּל-הָאָרֶץ.

האם יש עדיין אדם שבאמת מאמין שכל השפות נוצרו במגדל בבל?
האם הסינים והאינדיאנים גרו בארץ ישראל לפני 3500 שנה ודיברו עברית?
האם לא צריך להיות בור מושלם כיום, כדי לקבל את הסיפור הזה?

מי לדעתכם כתב את האגדות האלה והאם הן אמתיות?
האם לבורא העולם אין חוש הומור בסיסי, מה כל כך מכעיס אותו?
ממה האל חושש, שיבנו מגדל ושיגיעו אליו מעל לרקיע שלא קיים?
האם האל שברא את כל העמים לא רוצה שתהיה להם שפה משותפת?
האם אתם הייתם נוהגים כך בילדיכם, הייתם מסכסכים ביניהם?
איזה ערך מוסרי יש לסיפור הזה ומה הוא אומר על כותביו?

<u>בראשית 6 פסוק 3</u>

ג. וַיֹּאמֶר יְהוָה, לֹא-יָדוֹן רוּחִי בָאָדָם לְעֹלָם, בְּשַׁגַּם, הוּא בָשָׂר; וְהָיוּ יָמָיו, מֵאָה וְעֶשְׂרִים שָׁנָה.

לפי התורה, אלוהים הגביל את חיי בני האדם ל- 120 שנה בלבד וזאת הסיבה שיהודים מברכים האחד את רעהו "עד מאה ועשרים". כבר כיום יש בעולם אנשים שחיים בגבול הגיל הזה, אם לא למעלה ממנו.
מה, לדעתכם, יאמרו הרבנים כאשר יהיו עדויות מובהקות לכך שאנשים חיים מעל מאה ועשרים שנה?
האם הם יודו שהתורה לא אמתית ויזנחו את הדת?
האם לא ברור לכם שכבר כיום הם עובדים על התירוצים לשאלה הזאת?
האם הם יטענו כתמיד שתירוצים אילו עברו במסורת ממשה בסיני?

<u>בראשית 6 פסוקים 15, 17, 20</u>

טו וְזֶה, אֲשֶׁר תַּעֲשֶׂה אֹתָהּ: שְׁלֹשׁ מֵאוֹת אַמָּה, אֹרֶךְ הַתֵּבָה, חֲמִשִּׁים אַמָּה רָחְבָּהּ, וּשְׁלֹשִׁים אַמָּה קוֹמָתָהּ.
יז וַאֲנִי, הִנְנִי מֵבִיא אֶת-הַמַּבּוּל מַיִם עַל-הָאָרֶץ, לְשַׁחֵת כָּל-בָּשָׂר אֲשֶׁר-בּוֹ רוּחַ חַיִּים, מִתַּחַת הַשָּׁמָיִם: כֹּל אֲשֶׁר-בָּאָרֶץ, יִגְוָע.
כ מֵהָעוֹף לְמִינֵהוּ, וּמִן-הַבְּהֵמָה לְמִינָהּ, מִכֹּל רֶמֶשׂ הָאֲדָמָה, לְמִינֵהוּ--שְׁנַיִם מִכֹּל יָבֹאוּ אֵלֶיךָ, לְהַחֲיוֹת. כא וְאַתָּה קַח-לְךָ, מִכָּל-מַאֲכָל אֲשֶׁר יֵאָכֵל, וְאָסַפְתָּ, אֵלֶיךָ; וְהָיָה לְךָ וְלָהֶם, לְאָכְלָה.

<u>בראשית 7 פסוקים 2, 13, 19, 23</u>

ב מִכֹּל הַבְּהֵמָה הַטְּהוֹרָה, תִּקַּח-לְךָ שִׁבְעָה שִׁבְעָה--אִישׁ וְאִשְׁתּוֹ; וּמִן-

הַבְּהֵמָה אֲשֶׁר לֹא טְהֹרָה הִוא, שְׁנַיִם--אִישׁ וְאִשְׁתּוֹ. ג גַּם מֵעוֹף הַשָּׁמַיִם שִׁבְעָה שִׁבְעָה, זָכָר וּנְקֵבָה, לְחַיּוֹת זֶרַע, עַל-פְּנֵי כָל-הָאָרֶץ.
יג בְּעֶצֶם הַיּוֹם הַזֶּה בָּא נֹחַ, וְשֵׁם-וְחָם וָיֶפֶת בְּנֵי-נֹחַ; וְאֵשֶׁת נֹחַ, וּשְׁלֹשֶׁת נְשֵׁי-בָנָיו אִתָּם--אֶל-הַתֵּבָה.
יט וְהַמַּיִם, גָּבְרוּ מְאֹד מְאֹד--עַל-הָאָרֶץ; וַיְכֻסּוּ, כָּל-הֶהָרִים הַגְּבֹהִים, אֲשֶׁר-תַּחַת, כָּל-הַשָּׁמָיִם.
כג וַיִּמַח אֶת-כָּל-הַיְקוּם אֲשֶׁר עַל-פְּנֵי הָאֲדָמָה, מֵאָדָם עַד-בְּהֵמָה עַד-רֶמֶשׂ וְעַד-עוֹף הַשָּׁמַיִם, וַיִּמָּחוּ, מִן-הָאָרֶץ; וַיִּשָּׁאֶר אַךְ-נֹחַ וַאֲשֶׁר אִתּוֹ, בַּתֵּבָה.

בראשית 8 פסוקים 5, 8-21

ה וְהַמַּיִם, הָיוּ הָלוֹךְ וְחָסוֹר, עַד, הַחֹדֶשׁ הָעֲשִׂירִי; בָּעֲשִׂירִי בְּאֶחָד לַחֹדֶשׁ, נִרְאוּ רָאשֵׁי הֶהָרִים.
יח וַיֵּצֵא-נֹחַ; וּבָנָיו וְאִשְׁתּוֹ וּנְשֵׁי-בָנָיו, אִתּוֹ. יט כָּל-הַחַיָּה, כָּל-הָרֶמֶשׂ וְכָל-הָעוֹף, כֹּל, רוֹמֵשׂ עַל-הָאָרֶץ--לְמִשְׁפְּחֹתֵיהֶם, יָצְאוּ מִן-הַתֵּבָה. כ וַיִּבֶן נֹחַ מִזְבֵּחַ, לַיהוָה; וַיִּקַּח מִכֹּל הַבְּהֵמָה הַטְּהֹרָה, וּמִכֹּל הָעוֹף הַטָּהוֹר, וַיַּעַל עֹלֹת, בַּמִּזְבֵּחַ. כא וַיָּרַח יְהוָה, אֶת-רֵיחַ הַנִּיחֹחַ, וַיֹּאמֶר יְהוָה אֶל-לִבּוֹ לֹא-אֹסִף לְקַלֵּל עוֹד אֶת-הָאֲדָמָה בַּעֲבוּר הָאָדָם, כִּי יֵצֶר לֵב הָאָדָם רַע מִנְּעֻרָיו; וְלֹא-אֹסִף עוֹד לְהַכּוֹת אֶת-כָּל-חַי, כַּאֲשֶׁר עָשִׂיתִי.

האם תיבת נוח (באורך של 200 מטר) יכולה להכיל את כל מיליוני הזנים?

מאיפה באו כל המים ומה קרה למחזוריות המים בטבע?

מה אכלו החיות הטורפות במשך שנה בתיבה, קש?

האם הקשת היא תופעה פיזיקלית שהתחילה רק אחרי המבול?

מה קרה לצמחים, איך הם התקיימו שנה מתחת למים?

האם חוקי הטבע השתנו פתאום?

האם הרבנים טיפשים או בורים שלא יודעים שהכול קשקוש אחד גדול של אגדות עמים שקדמו לתורה?

הרבנים שראו את הבעיות החמורות בעובדות שבסיפור הזה המציאו תירוץ נוסף ומאוחר מאוד, וכתבו שהשכינה שכנה בתיבה, הם רק שכחו לרגע שאין לכך שום אזכור בתורה או במסורת הקדומה.

האם השכינה שבתיבה שכנה עם החזירים או עם השרצים הרבים שהיו שם?

האם מישהו לא שם לבו לכך שאחרי שנח הציל, לכאורה, את החיות,

הוא זבח אותם כריח ניחוח ליהוה?

האם בורא כל היצורים בטבע היה נהנה מריח הניחוח של שחיטתם?

שוב, איזה ערך מוסרי יש לסיפור הזה ומה הוא אומר על כותביו?

בראשית 1 פסוקים 5, 14-11

ה וַיִּקְרָא אֱלֹהִים לָאוֹר יוֹם, וְלַחֹשֶׁךְ קָרָא לָיְלָה; וַיְהִי-עֶרֶב וַיְהִי-בֹקֶר, יוֹם אֶחָד.

יא וַיֹּאמֶר אֱלֹהִים, תַּדְשֵׁא הָאָרֶץ דֶּשֶׁא עֵשֶׂב מַזְרִיעַ זֶרַע, עֵץ פְּרִי עֹשֶׂה פְּרִי לְמִינוֹ, אֲשֶׁר זַרְעוֹ-בוֹ עַל-הָאָרֶץ; וַיְהִי-כֵן. יב וַתּוֹצֵא הָאָרֶץ דֶּשֶׁא עֵשֶׂב מַזְרִיעַ זֶרַע, לְמִינֵהוּ, וְעֵץ עֹשֶׂה-פְּרִי אֲשֶׁר זַרְעוֹ-בוֹ, לְמִינֵהוּ; וַיַּרְא אֱלֹהִים, כִּי-טוֹב. יג וַיְהִי-עֶרֶב וַיְהִי-בֹקֶר, יוֹם שְׁלִישִׁי. יד וַיֹּאמֶר אֱלֹהִים, יְהִי מְאֹרֹת בִּרְקִיעַ הַשָּׁמַיִם, לְהַבְדִּיל, בֵּין הַיּוֹם וּבֵין הַלָּיְלָה; וְהָיוּ לְאֹתֹת וּלְמוֹעֲדִים, וּלְיָמִים וְשָׁנִים.

האם כדור הארץ עם דשא, עצים ופירות, יום ולילה קודם להיווצרות השמש?

האם הסיפור לא נובע מכך שפעם באמת חשבו שכדור הארץ במרכז העולם? האם לא ברור שכותבי התורה לא הבינו שהצמחים גדלים בתהליך של פוטוסינתזה ולזה דרושה שמש?

בראשית 1 פסוקים 8-6

ו וַיֹּאמֶר אֱלֹהִים, יְהִי רָקִיעַ בְּתוֹךְ הַמָּיִם, וִיהִי מַבְדִּיל, בֵּין מַיִם לָמָיִם. ז וַיַּעַשׂ אֱלֹהִים, אֶת-הָרָקִיעַ, וַיַּבְדֵּל בֵּין הַמַּיִם אֲשֶׁר מִתַּחַת לָרָקִיעַ, וּבֵין הַמַּיִם אֲשֶׁר מֵעַל לָרָקִיעַ; וַיְהִי-כֵן. ח וַיִּקְרָא אֱלֹהִים לָרָקִיעַ, שָׁמָיִם; וַיְהִי-עֶרֶב וַיְהִי-בֹקֶר, יוֹם שֵׁנִי.

האם יש רקיע בשמים שמעליו יש מים?

האם לא ברור שכותבי התורה לא הבינו במחזוריות המים ובאטמוספרה? האם הסיפור לא משקף את האמונה הקדומה והשגויה שהשמים כחולים כי יש שם מים כמו בים?

בראשית 4 פסוקים 17-22

יז וַיֵּדַע קַיִן אֶת-אִשְׁתּוֹ, וַתַּהַר וַתֵּלֶד אֶת-חֲנוֹךְ; וַיְהִי, בֹּנֶה עִיר, וַיִּקְרָא שֵׁם

הָעִיר, כְּשֵׁם בְּנוֹ חֲנוֹךְ. יח וַיִּוָּלֵד לַחֲנוֹךְ, אֶת-עִירָד, וְעִירָד, יָלַד אֶת-מְחוּיָאֵל;
וּמְחִיָּיאֵל, יָלַד אֶת-מְתוּשָׁאֵל, וּמְתוּשָׁאֵל, יָלַד אֶת-לָמֶךְ. יט וַיִּקַּח-לוֹ לֶמֶךְ,
שְׁתֵּי נָשִׁים: שֵׁם הָאַחַת עָדָה, וְשֵׁם הַשֵּׁנִית צִלָּה. כ וַתֵּלֶד עָדָה, אֶת-
יָבָל: הוּא הָיָה--אֲבִי, י ֹשֵׁב א ֹהֶל וּמִקְנֶה. כא וְשֵׁם אָחִיו, יוּבָל: הוּא הָיָה--
אֲבִי, כָּל-תּ ֹפֵשׂ כִּנּוֹר וְעוּגָב. כב וְצִלָּה גַם-הִוא, יָלְדָה אֶת-תּוּבַל קַיִן--ל ֹטֵשׁ,
כָּל-ח ֹרֵשׁ נְח ֹשֶׁת וּבַרְזֶל; וַאֲחוֹת תּוּבַל-קַיִן, נַעֲמָה.

ממש מדהים! התורה לא רק פוסחת על תקופת הדינוזאורים היא פוסחת גם על תקופות העץ, האבן והברונזה. האם העדויות לאנשי המערות הן שטויות?

האם באמת ייתכן שכבר בניו ונכדיו של קין בונים ערים, חורשי נחושת וברזל, בונים כינורות ועוגבים?

מאיפה להם הידע לבנות מחצבים, כורי היתוך וכלי חריטה בעץ ובמתכת?

איך ייתכן שלהם היה כל הידע הזה, לפני 5,700 שנה בדור שני מהבריאה, ועדיין לצאצאיהם שחיים בתרבויות רבות בעולם אין קמצוץ מהידע הזה עד היום?

<u>יהושע 10 פסוקים 14-11</u>

יא וַיְהִי בְּנֻסָם מִפְּנֵי יִשְׂרָאֵל, הֵם בְּמוֹרַד בֵּית-חוֹר ֹן וַיהוָה הִשְׁלִיךְ עֲלֵיהֶם
אֲבָנִים גְּד ֹלוֹת מִן-הַשָּׁמַיִם עַד-עֲזֵקָה--וַיָּמֻתוּ: רַבִּים, אֲשֶׁר-מֵתוּ בְּאַבְנֵי
הַבָּרָד, מֵאֲשֶׁר הָרְגוּ בְּנֵי יִשְׂרָאֵל, בֶּחָרֶב. יב אָז יְדַבֵּר יְהוֹשֻׁעַ, לַיהוָה, בְּיוֹם
תֵּת יְהוָה אֶת-הָאֱמ ֹרִי, לִפְנֵי בְּנֵי יִשְׂרָאֵל; וַי ֹּאמֶר לְעֵינֵי יִשְׂרָאֵל, שֶׁמֶשׁ
בְּגִבְעוֹן דּוֹם, וְיָרֵחַ, בְּעֵמֶק אַיָּלוֹן. יג וַיִּד ֹּם הַשֶּׁמֶשׁ וְיָרֵחַ עָמָד, עַד-יִק ֹּם גּוֹי
א ֹיְבָיו--הֲל ֹא-הִיא כְתוּבָה, עַל-סֵפֶר הַיָּשָׁר; וַיַּעֲמ ֹד הַשֶּׁמֶשׁ בַּחֲצִי הַשָּׁמַיִם,
וְל ֹא-אָץ לָבוֹא כְּיוֹם תָּמִים. יד וְל ֹא הָיָה כַּיּוֹם הַהוּא, לְפָנָיו וְאַחֲרָיו,
לִשְׁמ ֹעַ יְהוָה, בְּקוֹל אִישׁ: כִּי יְהוָה, נִלְחָם לְיִשְׂרָאֵל.

האם באמת השמש והירח עמדו מלכת בגלל שיהושע ציווה עליהם?

איך זה שרק בני ישראל הבחינו בדבר ואין שום עדויות מעמים אחרים לתופעה המדהימה הזאת?

מה קרה לכל מערכת השמש ולכל הגלקסיה בזמן הזה? התפרקו לרסיסים?

האם לא ברור מקריאת הסיפור, שלכותב יש תפיסה ישנה ומוטעית לגבי העולם שמתארת אותו עם כדור הארץ במרכז והשמש והירח סובבים סביבו?

מה הוא גבול האמונה שאנו נותנים לכל מה שכתוב בתנ"ך כעובדות?

האם זהו לא עוד סיפור שנאמר מפיה של אתון בלעם שמטיפה לנו מוסר?

מאיפה פתאום מופיע פה ספר חדש "ספר הישר"? כמה ספרים היו במקור ולאן הם נעלמו?

בראשית 1 פסוק 1
א בְּרֵאשִׁית, בָּרָא אֱלֹהִים, אֵת הַשָּׁמַיִם, וְאֵת הָאָרֶץ.

לפי היהדות, הנצרות והאיסלם העולם נברא לפני כ- 5,700 שנה שהם תחילת הלוח העברי.

לוח השנה העברי הוא למעשה בבלי\אשורי: תשרי, חשוון, כסלו, טבת, שבט אדר, ניסן, אייר, סיוון, תמוז, אב ואלול הם שמות של אלים אשוריים ולכן ממש לא במקרה אין להם שום משמעות מילולית כמו לשאר השמות בשפה העברית. המקרא בכלל סופר את השנה מחודש ניסן ואין בו שום זכר לשמות אלו.

האם העולם שבו אנו חיים באמת נברא רק לפני כ- 5,700 שנה?

כמה זמן לקח, לדעתכם, לנהר הירדן לחצוב את עמק הירדן מתוך השבר הסורי אפריקאי?

כיצד אנו רואים כוכבים שנמצאים במרחק של ביליוני שנות אור מאיתנו?

איך האור יצא מהם לפני ביליוני שנים, על מנת שנראה אותו היום, אם הם לא היו קיימים כבר אז?

הרי רק צריך להביט בעולם, בהרים, בנהרות, בימים, במערות הנטיפים, בהרי הגעש, בקניונים ובשכבות הסלע בהרי יהודה כדי להגיע למסקנה ברורה שהעולם הזה כבר קיים ומתהווה מיליוני שנים. באמת שלא צריך ללמוד את תורת האבולוציה של דרווין או להיות מומחה לגיאולוגיה או לאסטרונומיה.

כיצד מאדם וחווה נוצרו כל הגזעים בעולם בחמשת אלפים שנה?

האם הרבנים המציאו פתאום אבולוציה מואצת?

האם הטענה שכולנו בניהם של אדם וחוה לא הופכת את כולנו
לממזרים שנולדו מגילוי עריות?
כיצד הגיעו האינדיאנים לאמריקה לפני קולומבוס, בסירת משוטים?
האם הרבנים לא יודעים שיש להם בעיה רצינית עם העובדות?
האם הם עיוורים, בורים או שוטים לחלוטין?
האם אין גבול לתירוצים המפוקפקים שלהם ולצביעות?
אבל לרבנים יש תשובות עליהן הם חשבו בישיבות במשך שנים,
תשובות כגון:

כל יום בבריאה הוא למעשה מיליון שנים!
אלוהים בונה עולמות ומחריבם!
לא ברור מה הביסוס לטענות אלו וגם באיזה שלב הן הופיעו פתאום
ביהדות, אבל דבר אחד ברור – הרבנים יודעים שיש סתירה חמורה
בין הסבריהם לבין העובדות שמגלה המדע חדשות לבקרים.
מה גם שכל קורא מפוקח יתקשה להבין כיצד טענות אלה עונות
בכלל על השאלות הרבות שהועלו כאן?

במדבר 15 פסוק 39
לט וְהָיָה לָכֶם, לְצִיצִת, וּרְאִיתֶם אֹתוֹ וּזְכַרְתֶּם אֶת-כָּל-מִצְוֹת יְהוָה,
וַעֲשִׂיתֶם אֹתָם; וְלֹא-תָתוּרוּ אַחֲרֵי לְבַבְכֶם, וְאַחֲרֵי עֵינֵיכֶם, אֲשֶׁר-אַתֶּם
זֹנִים, אַחֲרֵיהֶם.

האם מי שברא אותנו עם יכולת שיפוט מוסרית ולוגית לא רוצה
שנשתמש בה?
מי בדיוק מעדיף שלא נביט בעובדות ולא נשתמש בחושים וביכולות
המחשבה?
האם האל שברא אותנו כיצורים תבוניים רוצה שנהיה רובוטים או
כבשים?
לאן היינו מגיעים ללא המדע והמוסר שיש לנו כיום?
האם היינו רוצים לחיות כיום עם חוקי התורה, עם עבדים ושפחות,
עם עונש מוות על כל שטות ובלי זכויות למיעוטים, ילדים או נשים?
את מי משרת הציווי הזה, אם לא את הכהנים שרצו לשלוט בנו ללא
מצרים?

עוד כמה שאלות פשוטות

האם הידע של הרבנים, שמסתכם בהמצאת תחום שבת ושאר טריקים של חכמי חלם, משתווה לידע של המדע, הטכנולוגיה והרפואה כיום? למי עלינו להאמין ועל מי עלינו לסמוך?

איך רבנים חסרי כל ידע בסיסי בעולם שבו אנו חיים טוענים שיש להם ידע מדויק להפליא על האופן שבו מתנהלים "גן עדן" ו"הספירות העליונות"?

איך אנשים שאין להם שום ידע ביצירה המופלאה הזאת של בורא התבל יכולים להגיד לנו מה הוא אוהב ומה הוא שונא ומה הוא מעדיף למנחה או לארוחת הבוקר?

איך רבנים שלא יכולים לחזות את מזג האוויר ליום המחרת יכולים לטעון שהם יודעים מתי המשיח יבוא ובאילו תנאים?

למה הרבנים פונים לרופאים כשהם חולים? למה הם לא פונים רק לרב?

האם כוח תפילתו של רב שהוא נציגו לכאורה של בורא העולם קטן מכוחו של רופא?

האם אין בזאת הודאה בכך שהם לא מאמינים בעצות שהם נותנים לאחרים?

האם כל המדענים, ההיסטוריונים והארכיאולוגים טועים והרבנים צודקים?

האם עם הידע של הרבנים על העולם, אפשר לבנות רכבת, מטוס, לטוס לירח, למאדים או אפילו למצוא את הדרך לים המלח?

למה הרבנים מתנגדים לארכיאולוגים ומונעים מילדיהם לימודי מדע וגישה חופשית לידע? ממה הם מפחדים? מהאמת? מידע על העולם?

האם לא רק נוכלים מפחדים מהאמת ומביקורת ומעדיפים שוטים מאמינים, שמהם הם צוברים את כוחם?

למה הופסקו כל העימותים הרעיוניים-פילוסופים בין כל הרבנים, הזרמים ביהדות או בין הדתות השונות, בשאלה החשובה מכל: מי דוברו האמתי של בורא עולם? האם זה לא משום פחדם לחשוף ערוותם ברבים ואת העובדה שכולם וצבועים ברמות שונות שרבים על נתחי שוק שונים של פתאים?

האם אנו באמת מצפים מאדם שגדל וחי עם כל משפחתו וילדיו אורח

חיים דתי אדוק לקום בוקר אחד, לעזוב את כל מה שיקר לו ולהילחם בכל החרמות, הנידויים והעלבונות של כל הסביבה בה הוא חי, רק משום שהתעוררו אצלו ספקות כנים לגבי אמתות התורה?

האם לא ברור שדרוש עוז עילאי ויושר אישי עצום כדי לעשות זאת? האם לא ברור שאפשרות זאת פתוחה רק בפני בני נוער לא נשואים?

האם זה לא מסביר מדוע הרבנים סוגרים את ילדיהם בישיבות, ביישובים, בשכונות ובתי ספר חרדיים בלבד?

האם מפתיעה אתכם העובדה שרוב הדתיים שרכשו השכלה לאחר צעירותם נשארו דתיים למרות ההשכלה שרכשו? האם באמת יש להם ברירה?

האם לא הייתם מצפים מדתיים משכילים מאוד כגון מדענים, פילוסופים והיסטוריונים להיות המטיפים העיקריים לדת? הרי אחרי שלמדו כל כך הרבה, כעת, הם בוודאי היו אמורים להיות בטוחים באמונתם?

מעלה שלישית

צא ולמד טבעו של בורא עולם על פי התורה

אמור לי מי אלוהיך ואומר לך מי אתה

שמות 20 פסוק 4

ד ל ֹא-תִשְׁתַּחֲוֶה לָהֶם, וְל ֹא תָעָבְדֵם: כִּי אָנ ֹכִי יְהוָה אֱל ֹהֶיךָ, אֵל קַנָּא--
פּ ֹקֵד עֲו ֹן אָב ֹת עַל-בָּנִים עַל-שִׁלֵּשִׁים וְעַל-רִבֵּעִים, לְשׂ ֹנְאָי.

שמות 34 פסוק 7

ז נ ֹצֵר חֶסֶד לָאֲלָפִים, נ ֹשֵׂא עָו ֹן וָפֶשַׁע וְחַטָּאָה; וְנַקֵּה, ל ֹא יְנַקֶּה--פּ ֹקֵד
עֲו ֹן אָבוֹת עַל-בָּנִים וְעַל-בְּנֵי בָנִים, עַל-שִׁלֵּשִׁים וְעַל-רִבֵּעִים.

איך מתן זכויות לילדים או ענישתם יכולה להיות מוצדקת במעשי הוריהם?
איך זה מתיישב עם הצדק של היחיד?
האם אתם ממליצים לבתי המשפט לאמץ עיקרון זה? למה לא?
האם חוש הצדק שנתן לנו הבורא לא מחייב להעניש ביתר חומרה את מי שקיבל חינוך טוב בבית וסרח ממי שלא גדל בחממה?
האם האל שדורש מאתנו לא לנקום הוא קנאי ונקמן ולא סולח לדורות?
איך זה מתיישב עם תפיסת האל של "**אל רחום וחנון ארך אפיים ואמת**"?
איך זה מתיישב עם הציווי המקראי "**איש בעוונו יומת**"?
רש"י (רבי שלמה יצחקי), מגדולי פרשני התורה, כבר עלה על הסתירה באישיותו של האל וגילה שמדובר פה בשתי דמויות שונות בעלי שמות שונים (אלוהים ויהוה), שהראשון נוקט במידת הדין ואילו השני במידת הרחמים, מה שמחזק את הטענות שמדובר בספרים שונים שאוחדו מאוחר יותר.

שמות 10 פסוקים 1-2

א וַיּ ֹאמֶר יְהוָה אֶל-מ ֹשֶׁה, בּ ֹא אֶל-פַּרְע ֹה: כִּי-אֲנִי הִכְבַּדְתִּי אֶת-לִבּוֹ, וְאֶת-

לֵב עֲבָדָיו, לְמַעַן שִׁתִי א`ת`תַי אֵלֶּה, בְּקִרְבּוֹ. ב וּלְמַעַן תְּסַפֵּר בְּאָזְנֵי בִנְךָ וּבֶן-
בִּנְךָ, אֵת אֲשֶׁר הִתְעַלַּלְתִּי בְּמִצְרַיִם, וְאֶת-א`ת`תַי, אֲשֶׁר-שַׂמְתִּי בָם; וִידַעְתֶּם,
כִּי-אֲנִי יְהוָה.

שמות 7 פסוקים 5-3

ג וַאֲנִי אַקְשֶׁה, אֶת-לֵב פַּרְע`ה; וְהִרְבֵּיתִי אֶת-א`ת`תַי וְאֶת-מוֹפְתַי, בְּאֶרֶץ
מִצְרָיִם. ד וְל`א-יִשְׁמַע אֲלֵכֶם פַּרְע`ה, וְנָתַתִּי אֶת-יָדִי בְּמִצְרָיִם; וְהוֹצֵאתִי
אֶת-צִבְא`תַי אֶת-עַמִּי בְנֵי-יִשְׂרָאֵל, מֵאֶרֶץ מִצְרַיִם, בִּשְׁפָטִים, גְּד`לִים.
ה וְיָדְעוּ מִצְרַיִם כִּי-אֲנִי יְהוָה, בִּנְט`תִי אֶת-יָדִי עַל-מִצְרָיִם; וְהוֹצֵאתִי אֶת-
בְּנֵי-יִשְׂרָאֵל, מִתּוֹכָם.

שמות 9 פסוק 12

יב וַיְחַזֵּק יְהוָה אֶת-לֵב פַּרְע`ה, וְל`א שָׁמַע אֲלֵהֶם: כַּאֲשֶׁר דִּבֶּר יְהוָה, אֶל-
מ`שֶׁה.

איזה מן אל זה ששש להרוג תינוקות בעריסה רק כדי להאדיר את כוחו?
למה אלוהים מעניש את המצרים לאחר שהוא עצמו מקשה את לב פרעה, מכביד את לב פרעה ומחזק את לב פרעה למען לא ישלח את בני ישראל לחופשי – איפה הצדק פה ומה קרה לחופש הבחירה?
למה כל המצרים, השפחות והחיות צריכים לסבול ולאבד יקיריהן משום שהאל מכביד את לב פרעה? במה הם חטאו?

שמות 11 פסוקים 1-6

א וַיּ`אמֶר יְהוָה אֶל-מ`שֶׁה, עוֹד נֶגַע אֶחָד אָבִיא עַל-פַּרְע`ה וְעַל-מִצְרַיִם--
אַחֲרֵי-כֵן, יְשַׁלַּח אֶתְכֶם מִזֶּה: כְּשַׁלְּחוֹ--כָּלָה, גָּרֵשׁ יְגָרֵשׁ אֶתְכֶם מִזֶּה. ב דַּבֶּר-
נָא, בְּאָזְנֵי הָעָם; וְיִשְׁאֲלוּ אִישׁ מֵאֵת רֵעֵהוּ, וְאִשָּׁה מֵאֵת רְעוּתָהּ, כְּלֵי-כֶסֶף,
וּכְלֵי זָהָב. ג וַיִּתֵּן יְהוָה אֶת-חֵן הָעָם, בְּעֵינֵי מִצְרָיִם; גַּם הָאִישׁ מ`שֶׁה, גָּדוֹל
מְא`ד בְּאֶרֶץ מִצְרַיִם, בְּעֵינֵי עַבְדֵי-פַרְע`ה, וּבְעֵינֵי הָעָם. ד וַיּ`אמֶר מ`שֶׁה,
כּ`ה אָמַר יְהוָה: כַּחֲצ`ת הַלַּיְלָה, אֲנִי יוֹצֵא בְּתוֹךְ מִצְרָיִם. ה וּמֵת כָּל-בְּכוֹר,
בְּאֶרֶץ מִצְרַיִם--מִבְּכוֹר פַּרְע`ה הַיּ`שֵׁב עַל-כִּסְאוֹ, עַד בְּכוֹר הַשִּׁפְחָה אֲשֶׁר
אַחַר הָרֵחָיִם; וְכ`ל, בְּכוֹר בְּהֵמָה. ו וְהָיְתָה צְעָקָה גְד`לָה, בְּכָל-אֶרֶץ מִצְרָיִם,
אֲשֶׁר כָּמ`הוּ ל`א נִהְיָתָה, וְכָמ`הוּ ל`א ת`סִף.

במה אשמים המצרים שחיבבו את משה וישראל (השאילו להם כסף
וזהב) שאיבדו את בכוריהם?

האם בורא העולם הוא כזה נבזה שמעודד עוול של גניבת כלי הזהב
של אבלים שהשאילו בתום לב את רכושם היקר לנוכלים?

אנו קוראים בהגדה של פסח איך תופסים הרבנים את בורא היקום
שבו הם מתפארים בפסוק "אני יוצא בתוך מצרים... אני הוא ולא
אחר... לא על ידי מלאך ולא על ידי שרף" אני בעצמי ובכבודי מחסל
את כל בכורי מצרים כולל את כל בכורי השפחות והחיות?

והם מונים ומפארים את גדולת בורא העולם במכות שהנחיל במצרים
ובממון שגזלנו מהם ולא דיינו.

האם הרבנים לא מעוררי חמלה בגלל האופן שבו הם תופסים את
אישיותו של בורא התבל? האם הם משקפים את הערכים של העם
היהודי שסבל כה רבות? האם דמותו של מרדכי כפי שהיא
משתקפת במגילת אסתר לא מעוררת בחילה? האם מרדכי, שמשיא
את אחייניתו למלך שיכור, שרק זה עתה הוציא את אשתו להורג
משום שסירבה לרקוד עירומה בפני אורחיו, רק על מנת לקבל כבוד
מלכות מפוקפק, ראוי להערכה וחיקוי.

האם אכזריותה של שרה ופחדנותו של אברם בשולחם את ישמעאל
והגר למות בצמא במדבר הופכת אותם לנערצים בעיניכם?

האם נוכלותו של יעקב בגזילת הבכורה מעשו ומעשה התרמית
שהוא ורבקה מעוללים ליצחק הזקן והעיוור מעוררת איזה שהוא יחס
של כבוד כלפיהם?

האם אנוכיותו של דוד בגזילת אשת אוריה ובשליחתו למוות הופכת
אותו לצדיק בעיניכם?

האם אתם נהנים ומכים ברעשנים כאשר תולים את ויזתא הקטן יחד
עם תשעת אחיו על העץ?

האם כך התנהגו יהודים בכל הדורות ובגולה, צהלו ורקדו מול גוויות
של ילדים תלויים על עץ?

אילו ערכים משקפת התורה והאם היהודים אי פעם בהיסטוריה
התנהגו כברברים אכזריים כאלה?

מה קרה לכל גדולי האומה שלנו שהטיפו לעולם מוסר, תרבות,
חוכמה ומדע. האם נשליך את תרומתם לפח ונלך שבי אחרי חכמי
חלם רבנים עם ערכים מפוקפקים?

אולי הגיעה העת שכולנו נתחיל להביט שוב במראה על מנת לבחון

מחדש את גיבורי התנ"ך עליהם חונכנו, כולל האל המקראי, ולשפוט אותם באופן ברור, אמתי וללא משוא פנים.

<u>במדבר 31 פסוקים 17-18</u>

יז וְעַתָּה, הִרְגוּ כָל-זָכָר בַּטָּף; וְכָל-אִשָּׁה, יֹדַעַת אִישׁ לְמִשְׁכַּב זָכָר--הֲרֹגוּ.
יח וְכֹל הַטַּף בַּנָּשִׁים, אֲשֶׁר לֹא-יָדְעוּ מִשְׁכַּב זָכָר--הַחֲיוּ, לָכֶם.

ממש חוק מדהים, אולי כדאי שנאמץ אותו באמנות ז'נבה?
ואת הילדות הקטנות לוקחים בשבי בכדי לתת להם חינוך חרדי בוודאי?

<u>במדבר 31 פסוק 35</u>

לה וְנֶפֶשׁ אָדָם--מִן-הַנָּשִׁים, אֲשֶׁר לֹא-יָדְעוּ מִשְׁכַּב זָכָר: כָּל-נֶפֶשׁ, שְׁנַיִם וּשְׁלֹשִׁים אָלֶף.

בהמשך פרק מדהים במוסר זה, שכל מי שעדיין חושב שהתורה ניתנה על ידי האל מספיק שיקרא אותו פעם אחת בכדי להתפקח אחת ולתמיד, לא פחות משלושים ושתיים אלף ילדות קטנות מדייניות נלקחות כשלל ומחולקות בין כל העם. האם אותם רבנים גזענים שטוענים לטוהר הגזע היהודי לא קראו פרק זה?

<u>יהושע 6 פסוקים 19, 21, 24</u>

יט וְכֹל כֶּסֶף וְזָהָב, וּכְלֵי נְחֹשֶׁת וּבַרְזֶל--קֹדֶשׁ הוּא, לַיהוָה: אוֹצַר יְהוָה, יָבוֹא.
כא וַיַּחֲרִימוּ, אֶת-כָּל-אֲשֶׁר בָּעִיר, מֵאִישׁ וְעַד-אִשָּׁה, מִנַּעַר וְעַד-זָקֵן; וְעַד שׁוֹר וָשֶׂה וַחֲמוֹר, לְפִי-חָרֶב.
כד וְהָעִיר שָׂרְפוּ בָאֵשׁ, וְכָל-אֲשֶׁר-בָּהּ: רַק הַכֶּסֶף וְהַזָּהָב, וּכְלֵי הַנְּחֹשֶׁת וְהַבַּרְזֶל--נָתְנוּ, אוֹצַר בֵּית-יְהוָה

אותו האל עושה זאת שוב ביריחו, מצווה לשחוט ולשרוף את הכול, מדוע?
מי אחראי לשמד אכזרי זה, בני אדם שמדברים בשמו או בורא היקום?
האם הבחנתם שאת הזהב שוב לוקחים הכהנים?

שמות 17 פסוקים 14-13

יג וַיַּחֲל ֹשׁ יְהוֹשֻׁעַ אֶת-עֲמָלֵק וְאֶת-עַמּוֹ, לְפִי-חָרֶב. יד וַיּ ֹאמֶר יְהוָה אֶל-מ ֹשֶׁה, כְּת ֹב ז ֹאת זִכָּרוֹן בַּסֵּפֶר, וְשִׂים, בְּאָזְנֵי יְהוֹשֻׁעַ: כִּי-מָח ֹה אֶמְחֶה אֶת-זֵכֶר עֲמָלֵק, מִתַּחַת הַשָּׁמָיִם.

דברים 20 פסוקים 17-18

טז רַק, מֵעָרֵי הָעַמִּים הָאֵלֶּה, אֲשֶׁר יְהוָה אֱל ֹהֶיךָ, נ ֹתֵן לְךָ נַחֲלָה--ל ֹא תְחַיֶּה, כָּל-נְשָׁמָה. יז כִּי-הַחֲרֵם תַּחֲרִימֵם, הַחִתִּי וְהָאֱמ ֹרִי הַכְּנַעֲנִי וְהַפְּרִזִּי, הַחִוִּי, וְהַיְבוּסִי--כַּאֲשֶׁר צִוְּךָ, יְהוָה אֱל ֹהֶיךָ.

בראשית 19 פסוקים 25-24

כד וַיהוָה, הִמְטִיר עַל-סְד ֹם וְעַל-עֲמ ֹרָה--גָּפְרִית וָאֵשׁ: מֵאֵת יְהוָה, מִן-הַשָּׁמָיִם. כה וַיַּהֲפ ֹךְ אֶת-הֶעָרִים הָאֵל, וְאֵת כָּל-הַכִּכָּר, וְאֵת כָּל-י ֹשְׁבֵי הֶעָרִים, וְצֶמַח הָאֲדָמָה.

האם בורא כל האנושות מחסל עמים?
האם הוא לא מסוגל להיות ברגן יותר בעונשים שהוא מטיל?
האם בורא התבל בעד השמדה של חיות ורכוש?
האם בורא האנושות בעד השמדת נשים, זקנים וטף?
האם הוא לא מסוגל להעניש אנשים באופן פרטני שהוא נדרש לענישה
קולקטיבית ולהרס של עמים שלמים, ערים שלמות או כל האנושות?
האם אלוהים בעד הרג צדיק עם רשע?
האם אלוהים הוא נגד שלום בין העמים שהוא ברא?
מה בדיוק עובר עליו?

במדבר 15 פסוק 39

לט וְהָיָה לָכֶם, לְצִיצִת, וּרְאִיתֶם א ֹתוֹ וּזְכַרְתֶּם אֶת-כָּל-מִצְו ֹת יְהוָה, וַעֲשִׂיתֶם א ֹתָם; וְל ֹא-תָתוּרוּ אַחֲרֵי לְבַבְכֶם, וְאַחֲרֵי עֵינֵיכֶם, אֲשֶׁר-אַתֶּם ז ֹנִים, אַחֲרֵיהֶם.

האם בורא העולם שחנן אותנו ביכולות שיפוט מוסריות ולוגיות לא רוצה שנשתמש בהן או אולי זה מחבר התורה?

האם לא ברור למחבר התורה שרק אם נפעיל חלקיק מהתבונה ומחוש הביקורת שלנו נפסיק להאמין בתורה כהוראתו של בורא היקום ומזה הוא חושש?

האם בוראנו לא רוצה שנשתמש בחמלה ובטוב לב?

האם הוא מתנגד לשימוש בשיקול דעת והיגיון?

האם הוא רוצה שנתעלם מעובדות?

האם הוא רוצה שנציית בצורה עיוורת לחוקי התורה?

האם הפשעים הגדולים ביותר לא נעשו תוך ציות לסמכות בלי שיקול דעת?

מה תגידו ביום הדין, אנו רק עשינו את שהרבנים אמרו לנו לעשות?

האם ציווי זה לא מחייב את הרבנים, מאיפה נובעת זכותם לפרש ולשנות?

עוד כמה שאלות פשוטות

התבוננו בעולם ופקחו העיניים, האם נראה לכם שבורא העולם שונא
צבעים? האם הוא שונא יופי, מוזיקה ואומנות?
הביטו בטבע ובעולם בו אנו חיים, האם היוצר של העולם, לדעתכם,
הוא בעד פריחה, יצירה, הרמוניה ויופי או בעד הרס והשמדה?
מי לדעתכם הנחיל את "שקר החן והבל היופי אישה יראת השם היא
תתהלל"? מי הכתיב את "קול באישה ערווה" ואת "שיער באישה
ערווה"? מי בז ליופי ומעריץ כיעור? מי בעד עולם של שחור ולבן
בלבד? האל שברא את העולם היפה הזה או צבועים שמדברים
בשמו?
האם ישנה חברה בדלנית ופלגנית יותר מאשר החברה הדתית?
האם האל לא רוצה שנחיה בהרמוניה, בפיוס ובשלום כפי שאנו
מצפים מילדינו?
האם הדמות של האל הקטנוני והנקמני בתורה מתיישבת עם
החכמה, הפאר וההדר שמשתקפים ביקום כיצירתו של האל?
האם החכמה של הדתות משתווה לקמצוץ החכמה שיש בהפיכת
זחל לפרפר?
מה עם החכמה שיש ביצירת האדם, האם האל לא רוצה שנשתמש
במוחנו?
איזה אל אתם מעדיפים, האל המשתקף בתורה או זה שברא את
עולמנו?

מעלה רביעית

מי כתב את התורה?

מי בדיוק מצווה אותנו תעשו ואל תשאלו מדוע?

במדבר 5 פסוקים 9-10

ט וְכָל-תְּרוּמָה לְכָל-קָדְשֵׁי בְנֵי-יִשְׂרָאֵל, אֲשֶׁר-יַקְרִיבוּ לַכֹּ הֵן--לוֹ יִהְיֶה.

י וְאִישׁ אֶת-קֳדָשָׁיו, לוֹ יִהְיוּ; אִישׁ אֲשֶׁר-יִתֵּן לַכֹּ הֵן, לוֹ יִהְיֶה.

במדבר 3 פסוק 13

יג כִּי לִי, כָּל-בְּכוֹר--בְּיוֹם הַכֹּ תִי כָל-בְּכוֹר בְּאֶרֶץ מִצְרַיִם הִקְדַּשְׁתִּי לִי כָל-בְּכוֹר בְּיִשְׂרָאֵל, מֵאָדָם עַד-בְּהֵמָה: לִי יִהְיוּ, אֲנִי יְהוָה.

במדבר 18 פסוקים 9 ו- 12-15

ט זֶה-יִהְיֶה לְךָ מִקֹּ דֶשׁ הַקֳּדָשִׁים, מִן-הָאֵשׁ: כָּל-קָרְבָּנָם לְכָל-מִנְחָתָם וּלְכָל-חַטָּאתָם, וּלְכָל-אֲשָׁמָם אֲשֶׁר יָשִׁיבוּ לִי--קֹ דֶשׁ קָדָשִׁים לְךָ הוּא, וּלְבָנֶיךָ. יב כֹּ ל חֵלֶב יִצְהָר, וְכָל-חֵלֶב תִּירוֹשׁ וְדָגָן--רֵאשִׁיתָם אֲשֶׁר-יִתְּנוּ לַיהוָה, לְךָ נְתַתִּים. יג בִּכּוּרֵי כָּל-אֲשֶׁר בְּאַרְצָם, אֲשֶׁר-יָבִיאוּ לַיהוָה--לְךָ יִהְיֶה: כָּל-טָהוֹר בְּבֵיתְךָ, יֹ אכְלֶנּוּ. יד כָּל-חֵרֶם בְּיִשְׂרָאֵל, לְךָ יִהְיֶה. טו כָּל-פֶּטֶר רֶחֶם לְכָל-בָּשָׂר אֲשֶׁר-יַקְרִיבוּ לַיהוָה, בָּאָדָם וּבַבְּהֵמָה--יִהְיֶה-לָּךְ.

מדוע הכהנים נהנים מכל התרומות, המעשרות, הקרבנות, פדיון הביכורים והשלל?
האם בורא העולם דורש את כל המנחות והמתנות האלה או הכהנים?

שמות 32 פסוקים 1-6

א וַיַּרְא הָעָם, כִּי-בֹ שֵׁשׁ מֹ שֶׁה לָרֶדֶת מִן-הָהָר ;וַיִּקָּהֵל הָעָם עַל-אַהֲרֹ ן, וַיֹּאמְרוּ אֵלָיו קוּם עֲשֵׂה-לָנוּ אֱלֹהִים אֲשֶׁר יֵלְכוּ לְפָנֵינוּ--כִּי-זֶה מֹ שֶׁה הָאִישׁ אֲשֶׁר הֶעֱלָנוּ מֵאֶרֶץ מִצְרַיִם, לֹ א יָדַעְנוּ מֶה-הָיָה לוֹ. ב וַיֹּ אמֶר אֲלֵהֶם,

אַהֲר ֹן, פָּרְקוּ נִזְמֵי הַזָּהָב, אֲשֶׁר בְּאָזְנֵי נְשֵׁיכֶם בְּנֵיכֶם וּבְנ ֹתֵיכֶם; וְהָבִיאוּ,
אֵלָי. ג וַיִּתְפָּרְקוּ, כָּל-הָעָם, אֶת-נִזְמֵי הַזָּהָב, אֲשֶׁר בְּאָזְנֵיהֶם; וַיָּבִיאוּ, אֶל-
אַהֲר ֹן. ד וַיִּקַּח מִיָּדָם, וַיָּצַר א ֹתוֹ בַּחֶרֶט, וַיַּעֲשֵׂהוּ ,עֵגֶל מַסֵּכָה; וַיּ ֹאמְרוּ--
אֵלֶּה אֱל ֹהֶיךָ יִשְׂרָאֵל, אֲשֶׁר הֶעֱלוּךָ מֵאֶרֶץ מִצְרָיִם ה. וַיַּרְא אַהֲר ֹן, וַיִּבֶן
מִזְבֵּחַ לְפָנָיו; וַיִּקְרָא אַהֲר ֹן וַיּ ֹאמַר, חַג לַיהוָה מָחָר. ו וַיַּשְׁכִּימוּ, מִמָּחֳרָת,
וַיַּעֲלוּ ע ֹל ֹת, וַיַּגִּשׁוּ שְׁלָמִים; וַיֵּשֶׁב הָעָם לֶאֱכ ֹל וְשָׁתוֹ, וַיָּקֻמוּ לְצַחֵק .

למה אהרון לא מקבל עונש על חטא העגל והופך לכהן הגדול?
למה בניו של אהרון הם הכהנים ואילו בניו של משה הופכים למשרתים במקדש?
חוקרי המקרא הסבירו זאת בכך שהתורה נערכה מחדש אחרי שמלכות ישראל נחרבה והלוויים שהקריבו בשילה נמלטו ליהודה, בה שלטו הכהנים, תיאוריה מעניינת, נכון?
תיאוריה זאת מקבלת חיזוק בכך שהתורה דואגת לגרים וללוויים באותם צווים. באילו גרים מדובר אם לא בכאלה שברחו עם הלוויים ממלכות ישראל למלכות יהודה?

אם חשבתם לרגע שמדובר בגרים גויים, כנראה שלא קראתם את התורה או את הפרקים הקודמים.
בשיעורי התנ"ך מראים לנו את היחס לגרים כדוגמה למוסריותה של התורה כלפי גויים, תוך התעלמות גמורה מכך שהרבנים יודעים בבירור שמדובר ביהודים פליטים ולא בגויים שאותם מצווה התורה להשמיד.

<u>במדבר 12 פסוקים 1-16</u>

א וַתְּדַבֵּר מִרְיָם וְאַהֲר ֹן בְּמ ֹשֶׁה, עַל-א ֹדוֹת הָאִשָּׁה הַכֻּשִׁית אֲשֶׁר לָקָח: כִּי-
אִשָּׁה כֻשִׁית, לָקָח. ב וַיּ ֹאמְרוּ, הֲרַק אַךְ-בְּמ ֹשֶׁה דִּבֶּר יְהוָה--הֲל ֹא ,גַּם-בָּנוּ
דִבֵּר; וַיִּשְׁמַע, יְהוָה. ג וְהָאִישׁ מ ֹשֶׁה, עָנָו מְא ֹד--מִכּ ֹל, הָאָדָם, אֲשֶׁר, עַל-
פְּנֵי הָאֲדָמָה. ד וַיּ ֹאמֶר יְהוָה פִּתְא ֹם, אֶל-מ ֹשֶׁה וְאֶל-אַהֲר ֹן וְאֶל-מִרְיָם,
צְאוּ שְׁלָשְׁתְּכֶם, אֶל-א ֹהֶל מוֹעֵד; וַיֵּצְאוּ, שְׁלָשְׁתָּם. ה וַיֵּרֶד יְהוָה בְּעַמּוּד
עָנָן, וַיַּעֲמ ֹד פֶּתַח הָא ֹהֶל ;וַיִּקְרָא אַהֲר ֹן וּמִרְיָם, וַיֵּצְאוּ שְׁנֵיהֶם. ו וַיּ ֹאמֶר,
שִׁמְעוּ-נָא דְבָרָי; אִם-יִהְיֶה ,נְבִיאֲכֶם--יְהוָה בַּמַּרְאָה אֵלָיו אֶתְוַדָּע, בַּחֲלוֹם
אֲדַבֶּר-בּוֹ. ז ל ֹא-כֵן, עַבְדִּי מ ֹשֶׁה: בְּכָל-בֵּיתִי, נֶאֱמָן הוּא. ח פֶּה אֶל-פֶּה
אֲדַבֶּר-בּוֹ, וּמַרְאֶה וְל ֹא בְחִיד ֹת ,וּתְמֻנַת יְהוָה, יַבִּיט; וּמַדּוּעַ ל ֹא יְרֵאתֶם,

לְדַבֵּר בְּעַבְדִּי בְמֹ שֶׁה. ט וַיִּחַר-אַף יְהוָה בָּם, וַיֵּלַךְ. י וְהֶעָנָן, סָר מֵעַל
הָאֹ הֶל, וְהִנֵּה מִרְיָם, מְצֹ רַעַת כַּשָּׁלֶג; וַיִּפֶן אַהֲרֹ ן אֶל-מִרְיָם, וְהִנֵּה
מְצֹ רָעַת. יא וַיֹּ אמֶר אַהֲרֹ ן, אֶל-מֹ שֶׁה: בִּי אֲדֹ נִי--אַל-נָא תָשֵׁת עָלֵינוּ
חַטָּאת, אֲשֶׁר נוֹאַלְנוּ וַאֲשֶׁר חָטָאנוּ. יב אַל-נָא תְהִי, כַּמֵּת, אֲשֶׁר בְּצֵאתוֹ
מֵרֶחֶם אִמּוֹ ,וַיֵּאָכֵל חֲצִי בְשָׂרוֹ. ג וַיִּצְעַק מֹ שֶׁה, אֶל-יְהוָה לֵאמֹ ר: אֵל, נָא
רְפָא נָא לָהּ. יד וַיֹּ אמֶר יְהוָה אֶל-מֹ שֶׁה, וְאָבִיהָ יָרֹ ק יָרַק בְּפָנֶיהָ--הֲלֹ א
תִכָּלֵם, שִׁבְעַת יָמִים; תִּסָּגֵר שִׁבְעַת יָמִים ,מִחוּץ לַמַּחֲנֶה, וְאַחַר, תֵּאָסֵף. טו
וַתִּסָּגֵר מִרְיָם מִחוּץ לַמַּחֲנֶה, שִׁבְעַת יָמִים ;וְהָעָם לֹ א נָסַע, עַד-הֵאָסֵף מִרְיָם.
טז וְאַחַר נָסְעוּ הָעָם, מֵחֲצֵרוֹת; וַיַּחֲנוּ, בְּמִדְבַּר פָּארָן.

למה רק מרים לוקה בצרעת כעונש על כך שריכלה על משה שלקח אישה כושית ואהרון לא מקבל עונש?
למה הרבנים טוענים שאהרון הכהן היה "אוהב שלום ורודף שלום", למרות שבמקרא הוא נחשף כנחש לא קטן?
האם זה לא עוד חיזוק לכך שהכהנים ערכו מחדש את התורה אחרי חורבן מלכות ישראל?
האם לא מוזר לטעון שמשה כתב את הפסוק: "וְהָאִישׁ מֹ שֶׁה, עָנָו מְאֹ ד--מִכֹּ ל, הָאָדָם, אֲשֶׁר, עַל-פְּנֵי הָאֲדָמָה", האם אתם לא מזהים את הסתירה הפנימית שבטענה הזאת?
קראו פרקים אלה...ותגלו את האמת...

<u>מלכים ב' 22 פסוקים 1-2 ו- 8-20</u>

**א בֶּן-שְׁמֹ נֶה שָׁנָה, יֹ אשִׁיָּהוּ בְמָלְכוֹ, וּשְׁלֹ שִׁים וְאַחַת שָׁנָה, מָלַךְ
בִּירוּשָׁלָ ִם; וְשֵׁם אִמּוֹ, יְדִידָה בַת-עֲדָיָה מִבָּצְקַת. ב וַיַּעַשׂ הַיָּשָׁר, בְּעֵינֵי
יְהוָה; וַיֵּלֶךְ, בְּכָל-דֶּרֶךְ דָּוִד אָבִיו, וְלֹ א-סָר, יָמִין וּשְׂמֹ אול.
ח וַיֹּ אמֶר חִלְקִיָּהוּ הַכֹּ הֵן הַגָּדוֹל, עַל-שָׁפָן הַסֹּ פֵר ,סֵפֶר הַתּוֹרָה מָצָאתִי,
בְּבֵית יְהוָה; וַיִּתֵּן חִלְקִיָּה אֶת-הַסֵּפֶר אֶל-שָׁפָן, וַיִּקְרָאֵהוּ. ט וַיָּבֹ א שָׁפָן
הַסֹּ פֵר, אֶל-הַמֶּלֶךְ, וַיָּשֶׁב אֶת-הַמֶּלֶךְ, דָּבָר; וַיֹּ אמֶר, הִתִּיכוּ עֲבָדֶיךָ אֶת-הַכֶּסֶף
הַנִּמְצָא בַבַּיִת, וַיִּתְּנֻהוּ עַל-יַד עֹ שֵׂי הַמְּלָאכָה ,הַמֻּפְקָדִים בֵּית יְהוָה. י וַיַּגֵּד
שָׁפָן הַסֹּ פֵר, לַמֶּלֶךְ לֵאמֹ ר, סֵפֶר נָתַן לִי ,חִלְקִיָּה הַכֹּ הֵן; וַיִּקְרָאֵהוּ שָׁפָן,
לִפְנֵי הַמֶּלֶךְ. יא וַיְהִי כִּשְׁמֹ עַ הַמֶּלֶךְ, אֶת-דִּבְרֵי סֵפֶר הַתּוֹרָה ;וַיִּקְרַע, אֶת-
בְּגָדָיו. יב וַיְצַו הַמֶּלֶךְ אֶת-חִלְקִיָּה הַכֹּ הֵן וְאֶת-אֲחִיקָם בֶּן-שָׁפָן וְאֶת-עַכְבּוֹר
בֶּן-מִיכָיָה וְאֵת שָׁפָן הַסֹּ פֵר, וְאֵת עֲשָׂיָה עֶבֶד-הַמֶּלֶךְ--לֵאמֹ ר. יג לְכוּ דִרְשׁוּ
אֶת-יְהוָה בַּעֲדִי וּבְעַד-הָעָם, וּבְעַד כָּל-יְהוּדָה, עַל-דִּבְרֵי הַסֵּפֶר הַנִּמְצָא,**

הַזֶּה: כִּי-גְדוֹלָה חֲמַת יְהוָה, אֲשֶׁר-הִיא נִצְּתָה בָנוּ, עַל אֲשֶׁר ל א-שָׁמְעוּ
אֲב תֵינוּ עַל-דִּבְרֵי הַסֵּפֶר הַזֶּה, לַעֲשׂוֹת כְּכָל-הַכָּתוּב עָלֵינוּ. יד וַיֵּלֶךְ חִלְקִיָּהוּ
הַכּ הֵן וַאֲחִיקָם וְעַכְבּוֹר וְשָׁפָן וַעֲשָׂיָה, אֶל-חֻלְדָּה הַנְּבִיאָה אֵשֶׁת שַׁלֻּם בֶּן-
תִּקְוָה בֶּן-חַרְחַס שׁ מֵר הַבְּגָדִים, וְהִיא י שֶׁבֶת בִּירוּשָׁלַ ִם, בַּמִּשְׁנֶה; וַיְדַבְּרוּ,
אֵלֶיהָ. טו וַתּ אמֶר אֲלֵיהֶם, כּ ה-אָמַר יְהוָה אֱל הֵי יִשְׂרָאֵל: אִמְרוּ לָאִישׁ,
אֲשֶׁר-שָׁלַח אֶתְכֶם אֵלָי. טז כּ ה אָמַר יְהוָה, הִנְנִי מֵבִיא רָעָה אֶל-הַמָּקוֹם הַזֶּה
וְעַל-י שְׁבָיו--אֵת כָּל-דִּבְרֵי הַסֵּפֶר, אֲשֶׁר קָרָא מֶלֶךְ יְהוּדָה. יז תַּחַת אֲשֶׁר
עֲזָבוּנִי, וַיְקַטְּרוּ לֵאל הִים אֲחֵרִים, לְמַעַן הַכְעִיסֵנִי, בְּכ ל מַעֲשֵׂה יְדֵיהֶם;
וְנִצְּתָה חֲמָתִי בַּמָּקוֹם הַזֶּה, וְל א תִכְבֶּה. יח וְאֶל-מֶלֶךְ יְהוּדָה, הַשּׁ לֵחַ אֶתְכֶם
לִדְר שׁ אֶת-יְהוָה ,כּ ה ת אמְרוּ, אֵלָיו: כּ ה-אָמַר יְהוָה אֱל הֵי יִשְׂרָאֵל ,
הַדְּבָרִים אֲשֶׁר שָׁמָעְתָּ. יט יַעַן רַךְ-לְבָבְךָ וַתִּכָּנַע מִפְּנֵי יְהוָה, בְּשָׁמְעֲךָ אֲשֶׁר
דִּבַּרְתִּי עַל-הַמָּקוֹם הַזֶּה וְעַל-י שְׁבָיו לִהְיוֹת לְשַׁמָּה וְלִקְלָלָה, וַתִּקְרַע אֶת-
בְּגָדֶיךָ, וַתִּבְכֶּה לְפָנָי; וְגַם אָנ כִי שָׁמַעְתִּי, נְאֻם-יְהוָה. כ לָכֵן הִנְנִי א סִפְךָ
עַל-אֲב תֶיךָ, וְנֶאֱסַפְתָּ אֶל-קִבְר תֶיךָ בְּשָׁלוֹם, וְל א-תִרְאֶינָה עֵינֶיךָ, בְּכ ל
הָרָעָה אֲשֶׁר-אֲנִי מֵבִיא עַל-הַמָּקוֹם הַזֶּה; וַיָּשִׁבוּ אֶת-הַמֶּלֶךְ, דָּבָר.

מלכים ב' 23 פסוקים 1-4 ו- 21-37

א וַיִּשְׁלַח, הַמֶּלֶךְ; וַיַּאַסְפוּ אֵלָיו, כָּל-זִקְנֵי יְהוּדָה וִירוּשָׁלָ ִם. ב וַיַּעַל הַמֶּלֶךְ
בֵּית-יְהוָה וְכָל-אִישׁ יְהוּדָה וְכָל-י שְׁבֵי יְרוּשָׁלַ ִם אִתּוֹ, וְהַכּ הֲנִים וְהַנְּבִיאִים ,
וְכָל-הָעָם, לְמִקָּט ן וְעַד-גָּדוֹל; וַיִּקְרָא בְאָזְנֵיהֶם ,אֶת-כָּל-דִּבְרֵי סֵפֶר הַבְּרִית,
הַנִּמְצָא, בְּבֵית יְהוָה. ג וַיַּעֲמ ד הַמֶּלֶךְ עַל-הָעַמּוּד וַיִּכְר ת אֶת-הַבְּרִית לִפְנֵי
יְהוָה, לָלֶכֶת אַחַר יְהוָה וְלִשְׁמ ר מִצְו תָיו וְאֶת-עֵדְו תָיו וְאֶת-חֻקּ תָיו בְּכָל-לֵב
וּבְכָל-נֶפֶשׁ, לְהָקִים אֶת-דִּבְרֵי הַבְּרִית הַזּ את, הַכְּתֻבִים עַל-הַסֵּפֶר הַזֶּה ;
וַיַּעֲמ ד כָּל-הָעָם, בַּבְּרִית. ד וַיְצַו הַמֶּלֶךְ אֶת-חִלְקִיָּהוּ הַכּ הֵן הַגָּדוֹל וְאֶת-
כּ הֲנֵי הַמִּשְׁנֶה, וְאֶת-שׁ מְרֵי הַסַּף, לְהוֹצִיא מֵהֵיכַל יְהוָה, אֵת כָּל-הַכֵּלִים
הָעֲשׂוּיִם לַבַּעַל וְלָאֲשֵׁרָה וּלְכ ל צְבָא הַשָּׁמָיִם; וַיִּשְׂרְפֵם מִחוּץ לִירוּשָׁלַ ִם,
בְּשַׁדְמוֹת קִדְרוֹן, וְנָשָׂא אֶת-עֲפָרָם, בֵּית-אֵל.
כא וַיְצַו הַמֶּלֶךְ, אֶת-כָּל-הָעָם לֵאמ ר, עֲשׂוּ פֶסַח ,לַיהוָה אֱל הֵיכֶם--כַּכָּתוּב,
עַל סֵפֶר הַבְּרִית הַזֶּה. כב כִּי ל א נַעֲשָׂה, כַּפֶּסַח הַזֶּה, מִימֵי הַשּׁ פְטִים, אֲשֶׁר
שָׁפְטוּ אֶת-יִשְׂרָאֵל; וְכ ל, יְמֵי מַלְכֵי יִשְׂרָאֵל--וּמַלְכֵי יְהוּדָה. כג כִּי, אִם-
בִּשְׁמ נֶה עֶשְׂרֵה שָׁנָה, לַמֶּלֶךְ ,י אשִׁיָּהוּ: נַעֲשָׂה הַפֶּסַח הַזֶּה, לַיהוָה—
בִּירוּשָׁלָ ִם. כד וְגַם אֶת-הָא בוֹת וְאֶת-הַיִּדְּע נִים וְאֶת-הַתְּרָפִים וְאֶת-הַגִּלֻּלִים
וְאֵת כָּל-הַשִּׁקֻּצִים, אֲשֶׁר נִרְאוּ בְּאֶרֶץ יְהוּדָה וּבִירוּשָׁלַ ִם--בִּעֵר,
י אשִׁיָּהוּ: לְמַעַן הָקִים אֶת-דִּבְרֵי הַתּוֹרָה, הַכְּתֻבִים עַל-הַסֵּפֶר, אֲשֶׁר מָצָא

חִלְקִיָּהוּ הַכּ ֹהֵן, בֵּית יְהוָה. כה וְכָמ ֹהוּ ל ֹא-הָיָה לְפָנָיו מֶלֶךְ, אֲשֶׁר-שָׁב אֶל-
יְהוָה בְּכָל-לְבָבוֹ וּבְכָל-נַפְשׁוֹ וּבְכָל-מְא ֹדוֹ--כְּכ ֹל, תּוֹרַת מ ֹשֶׁה ;וְאַחֲרָיו,
ל ֹא-קָם כָּמ ֹהוּ. כו אַךְ ל ֹא-שָׁב יְהוָה, מֵחֲרוֹן אַפּוֹ הַגָּדוֹל, אֲשֶׁר-חָרָה אַפּוֹ,
בִּיהוּדָה--עַל, כָּל-הַכְּעָסִים, אֲשֶׁר הִכְעִיסוֹ, מְנַשֶּׁה. כז וַיּ ֹאמֶר יְהוָה, גַּם אֶת-
יְהוּדָה אָסִיר מֵעַל פָּנַי, כַּאֲשֶׁר הֲסִר ֹתִי, אֶת-יִשְׂרָאֵל; וּמָאַסְתִּי אֶת-הָעִיר
הַזּ ֹאת אֲשֶׁר-בָּחַרְתִּי, אֶת-יְרוּשָׁלַ ִם, וְאֶת-הַבַּיִת, אֲשֶׁר אָמַרְתִּי יִהְיֶה שְׁמִי
שָׁם. כח וְיֶתֶר דִּבְרֵי י ֹאשִׁיָּהוּ, וְכָל-אֲשֶׁר עָשָׂה: הֲל ֹא-הֵם כְּתוּבִים, עַל-סֵפֶר
דִּבְרֵי הַיָּמִים--לְמַלְכֵי יְהוּדָה. כט בְּיָמָיו עָלָה פַרְע ֹה נְכ ֹה מֶלֶךְ-מִצְרַיִם, עַל-
מֶלֶךְ אַשּׁוּר--עַל-נְהַר-פְּרָת; וַיֵּלֶךְ הַמֶּלֶךְ י ֹאשִׁיָּהוּ ,לִקְרָאתוֹ, וַיְמִיתֵהוּ בִּמְגִדּוֹ,
כִּרְא ֹתוֹ א ֹתוֹ. ל וַיַּרְכִּבֻהוּ עֲבָדָיו מֵת, מִמְּגִדּוֹ, וַיְבִאֻהוּ יְרוּשָׁלַ ִם, וַיִּקְבְּרֻהוּ
בִּקְבֻרָתוֹ; וַיִּקַּח עַם-הָאָרֶץ, אֶת-יְהוֹאָחָז בֶּן-י ֹאשִׁיָּהוּ, וַיִּמְשְׁחוּ א ֹתוֹ וַיַּמְלִיכוּ
א ֹתוֹ, תַּחַת אָבִיו.
לא בֶּן-עֶשְׂרִים וְשָׁל ֹשׁ שָׁנָה, יְהוֹאָחָז בְּמָלְכוֹ ,וּשְׁל ֹשָׁה חֳדָשִׁים, מָלַךְ
בִּירוּשָׁלָ ִם; וְשֵׁם אִמּוֹ, חֲמוּטַל בַּת-יִרְמְיָהוּ מִלִּבְנָה. לב וַיַּעַשׂ הָרַע, בְּעֵינֵי
יְהוָה, כְּכ ֹל אֲשֶׁר-עָשׂוּ ,אֲב ֹתָיו. לג וַיַּאַסְרֵהוּ פַרְע ֹה נְכ ֹה בְרִבְלָה בְּאֶרֶץ
חֲמָת, מִמְּל ֹךְ בִּירוּשָׁלָ ִם; וַיִּתֶּן-ע ֹנֶשׁ, עַל-הָאָרֶץ, מֵאָה כִכַּר-כֶּסֶף, וְכִכַּר זָהָב
.לד וַיַּמְלֵךְ פַּרְע ֹה נְכ ֹה אֶת-אֶלְיָקִים בֶּן-י ֹאשִׁיָּהוּ, תַּחַת י ֹאשִׁיָּהוּ אָבִיו,
וַיַּסֵּב אֶת-שְׁמוֹ, יְהוֹיָקִים; וְאֶת-יְהוֹאָחָז לָקַח, וַיָּב ֹא מִצְרַיִם וַיָּמָת שָׁם. לה
וְהַכֶּסֶף וְהַזָּהָב, נָתַן יְהוֹיָקִים לְפַרְע ֹה--אַךְ הֶעֱרִיךְ אֶת-הָאָרֶץ, לָתֵת אֶת-
הַכֶּסֶף עַל-פִּי פַרְע ֹה: אִישׁ כְּעֶרְכּוֹ, נָגַשׂ אֶת-הַכֶּסֶף וְאֶת-הַזָּהָב אֶת-עַם
הָאָרֶץ, לָתֵת, לְפַרְע ֹה נְכ ֹה.
לו בֶּן-עֶשְׂרִים וְחָמֵשׁ שָׁנָה, יְהוֹיָקִים בְּמָלְכוֹ, וְאַחַת עֶשְׂרֵה שָׁנָה, מָלַךְ
בִּירוּשָׁלָ ִם; וְשֵׁם אִמּוֹ,זְבוּדָּה בַת-פְּדָיָה מִן-רוּמָה. לז וַיַּעַשׂ הָרַע, בְּעֵינֵי
יְהוָה, כְּכ ֹל אֲשֶׁר-עָשׂוּ ,אֲב ֹתָיו.

יצא המרצע מן השק, מצאו תורה חדשה שלא שמעו עליה מעולם ולא קוימה ממי השופטים עד לתקופת יהושיהו, והפסיקו לקיימה ממות יהושיהו ועד לחורבן מלכות יהודה...האם באמת צריך הוכחה נוספת?
מי כתב את התורה החדשה שמצאו הכהנים בבית המקדש, שבה מופיע פתאום קורבן פסח, ומי יודע מה עוד, שגורם למלך לקרוע את בגדיו?
בכל התקופה הזאת, למעלה מחמש מאות שנים, קיימו את קורבן פסח רק מספר זעום של שנים בימי יהושיהו.

לפי פסוקים אלה היה שבר בידע התורה מאז השופטים עד אחרי
חורבן מלכות יהודה, האם לדעתכם הרבנים לא קראו זאת?
האם הטענה של הרבנים שהובאה בהקדמה לספר, שהכול עבר
ממשה עד לכתיבת המשנה בשלמות, היא אמיתית או שקרית?
האם הרבנים לא קראו פרקים אלה?
האם לא מוזר בעיניכם שחולדה הנביאה שמאשררת את הנוסח
החדש של התורה שנמצאה לא מוזכרת ברשימת הרבנים של אותם
"שליחים נאמנים" שהעבירו את נוסח, כולל הפרשנויות, בשלמות
במשך ארבעים דורות ממשה ועד לרב אשי?
האם לא צריך להיות שקרן מדופלם כדי לטעון שכל אות ואות
מהתורה עברו במדויק ממשה ועד ימנו כולל כל הפירושים,
המדרשים והרמזים?
למה לדעתכם בכל הישיבות לומדים בעיקר את התלמוד ורק "פרקים
נבחרים" מהתנ"ך?
האם הם מלמדים פרקים אלה בישיבות?
האם הבחנתם שבנו של יאשיהו מתחתן, לא פחות ולא יותר, עם
בתו של ירמיהו שכתב את ספר ירמיהו, ושספרו דומה להפליא
לקטעים רבים בספר דברים, מעניין נכון?

עוד כמה שאלות פשוטות

האם הטענה של הרבנים שכל התורה והפירושים עברו מדור לדור
ומאב לבן בשלמות הגיונית?
האם מישהו יכול להצביע על אב אחד שיודע חלקיק מהתורה בעל
פה?
האם יש רב אחד, למרות שהקדיש את כל חייו ללימודים בישיבה בלי
שום תעסוקה אחרת, שיכול לצטט במדויק פרשה אחת מבראשית
מבלי טעות?
האם הטענה בתלמוד שהכול עבר מילה במילה ממשה ליהושע
ומיהושע לזקנים ומזקנים לנביאים ומשם לאנשי כנסת הגדולה
מתקבלת על הדעת?
האם יהושע למד תורה בישיבה כל חייו או היה מצביא צבאי?
האם היה רצף היסטורי בנביאים?
למי בדיוק העביר יהושע את כל התורה כולל הדרש והסוד? לדבורה
הנביאה? לשמואל הנביא? לנתן הנביא? האם הם לא חיו מאות
שנים בנפרד האחד מרעהו?
האם לא ברור מקריאת התנ"ך שעם ישראל על כל דורותיו ומלכיו
היה אוסף של חוטאים שלא בדיוק שיננו תורה כל היום והעבירו זאת
מדור לדור?
האם הרבנים, שלומדים תורה כל חייהם, לא יודעים שהטענה שהכול
עבר מדור לדור בשלמות היא שקרית לחלוטין?

מעלה חמישית

מאיפה באה סמכות הרבנים לדבר בשם האל?

האל מאחד והדת מפלגת!

<u>דברים 17 פסוקים 8-13</u>
ח כִּי יִפָּלֵא מִמְּךָ דָבָר לַמִּשְׁפָּט, בֵּין-דָּם לְדָם בֵּין-דִּין לְדִין וּבֵין נֶגַע לָנֶגַע--
דִּבְרֵי רִיב ֹת, בִּשְׁעָרֶיךָ: וְקַמְתָּ וְעָלִיתָ--אֶל-הַמָּקוֹם, אֲשֶׁר יִבְחַר יְהוָה אֱל ֹהֶיךָ
בּוֹ. ט וּבָאתָ, אֶל-הַכּ ֹהֲנִים הַלְוִיִּם, וְאֶל-הַשּׁ ֹפֵט, אֲשֶׁר יִהְיֶה בַּיָּמִים הָהֵם;
וְדָרַשְׁתָּ וְהִגִּידוּ לְךָ, אֵת דְּבַר הַמִּשְׁפָּט. י וְעָשִׂיתָ, עַל-פִּי הַדָּבָר אֲשֶׁר יַגִּידוּ
לְךָ, מִן-הַמָּקוֹם הַהוּא, אֲשֶׁר יִבְחַר יְהוָה; וְשָׁמַרְתָּ לַעֲשׂוֹת, כְּכ ֹל אֲשֶׁר יוֹרוּךָ.
יא עַל-פִּי הַתּוֹרָה אֲשֶׁר יוֹרוּךָ, וְעַל-הַמִּשְׁפָּט אֲשֶׁר-י ֹאמְרוּ לְךָ--תַּעֲשֶׂה: ל ֹא
תָסוּר, מִן-הַדָּבָר אֲשֶׁר-יַגִּידוּ לְךָ--יָמִין וּשְׂמ ֹאל. יב וְהָאִישׁ אֲשֶׁר-יַעֲשֶׂה
בְזָדוֹן, לְבִלְתִּי שְׁמ ֹעַ אֶל-הַכּ ֹהֵן הָע ֹמֵד לְשָׁרֶת שָׁם אֶת-יְהוָה אֱל ֹהֶיךָ, אוֹ,
אֶל-הַשּׁ ֹפֵט--וּמֵת הָאִישׁ הַהוּא, וּבִעַרְתָּ הָרָע מִיִּשְׂרָאֵל. יג וְכָל-הָעָם, יִשְׁמְעוּ
וְיִרָאוּ; וְל ֹא יְזִידוּן, עוֹד.

הרבנים שואבים את סמכותם מפסוקים אלה בלבד אין שום מקום אחר בתורה שמאפשר לשופטים לפרש אותה.
האם לא ברור שסמכותם מוגבלת מאוד לפרשנות משפטית בלבד ורק במקרים מסוימים מאוד, כמו: "דברי ריבות" בין אדם לאדם, דברי נגע ועניינים שהם מעל הידע של האדם הפשוט כמו צרעת וכו'? בוודאי שאין להם סמכות ליצור חוקים חדשים או לפסול קיימים.

בעולם הקדום שבו לא היו רופאים והתייחסו למחלות כלטומאה, מישהו היה צריך לקבוע האם המחלה היא צרעת או שאיננה ממארת. ידע זה לא היה קיים ופתוח בפני כל העם הפשוט ולכן היו צריכים לפנות לכהן, ללוי או לשופט שיקבע זאת. ההסתמכות של הרבנים על פסוק זה כדי לקבוע "לא בשמיים היא", ואנו רשאים להטיל גזירות חדשות ולהתעלם מצוויים מפורשים היא בניגוד מוחלט לנאמר בתורה.

<u>דברים 24 פסוק 8</u>

ח הִשָּׁמֶר בְּנֶגַע-הַצָּרַעַת לִשְׁמֹ ר מְאֹ ד, וְלַעֲשׂוֹת: כְּכֹ ל אֲשֶׁר-יוֹרוּ אֶתְכֶם
הַכֹּ הֲנִים הַלְוִיִּם, כַּאֲשֶׁר צִוִּיתִם--תִּשְׁמְרוּ לַעֲשׂוֹת.

עוד דוגמה לזכות הפרשנות שניתנה רק לכהנים ולוויים ולא לכל מי שממנה עצמו לדוברו של בורא עולם, ושוב רק בנוגע לצרעת?

<u>דברים 13 פסוק 1</u>

א אֵת כָּל-הַדָּבָר, אֲשֶׁר אָנֹ כִי מְצַוֶּה אֶתְכֶם--אֹ תוֹ תִשְׁמְרוּ, לַעֲשׂוֹת: לֹ א-
תֹ סֵף עָלָיו, וְלֹ א תִגְרַע מִמֶּנּוּ.

מה יותר מפורש מצווי זה?
האם אלוהים מתבדח פה?
האם זה לא כתוב בעברית? מה בדיוק לא הבינו הרבנים?

<u>שמות 20 פסוק 6</u>

ו לֹ א תִשָּׂא אֶת-שֵׁם-יְהוָה אֱלֹ הֶיךָ, לַשָּׁוְא: כִּי לֹ א יְנַקֶּה יְהוָה, אֵת אֲשֶׁר-
יִשָּׂא אֶת-שְׁמוֹ לַשָּׁוְא.

כפי שבני אדם לא אוהבים שאחרים אומרים דברים בשמם כך גם האל וחוק זה שהוא אחד מעשרת הדברות, שנתן האל על פי התורה לכל העם בסיני, מוכיח זאת.

<u>דברים 17 פסוקים 14, 18 ו 20</u>

יד כִּי-תָבֹ א אֶל-הָאָרֶץ, אֲשֶׁר יְהוָה אֱלֹ הֶיךָ נֹ תֵן לָךְ, וִירִשְׁתָּהּ, וְיָשַׁבְתָּה
בָּהּ; וְאָמַרְתָּ, אָשִׂימָה עָלַי מֶלֶךְ, כְּכָל-הַגּוֹיִם, אֲשֶׁר סְבִיבֹ תָי.
יח וְהָיָה כְשִׁבְתּוֹ, עַל כִּסֵּא מַמְלַכְתּוֹ--וְכָתַב לוֹ אֶת-מִשְׁנֵה הַתּוֹרָה הַזֹּ את,
עַל-סֵפֶר, מִלִּפְנֵי, הַכֹּ הֲנִים הַלְוִיִּם.
כ לְבִלְתִּי רוּם-לְבָבוֹ מֵאֶחָיו, וּלְבִלְתִּי סוּר מִן-הַמִּצְוָה יָמִין וּשְׂמֹ אול--לְמַעַן
יַאֲרִיךְ יָמִים עַל-מַמְלַכְתּוֹ הוּא וּבָנָיו, בְּקֶרֶב יִשְׂרָאֵל.

ושוב, אפילו המלך שמצווה לכתוב תורה לפני הכהנים והלווים מנוע מלשנות דבר וחצי דבר ממצוות התורה.
אם דוד המלך, שלפי המסורת כתב את מזמורי התהילים, מנוע

מלסור ימין ושמאל ממצוות התורה, האם לא קל וחומר שאיסור זה חל גם על הרבנים?

<u>במדבר 15 פסוקים 39-40</u>

לט וְהָיָה לָכֶם, לְצִיצִת, וּרְאִיתֶם אֹתוֹ וּזְכַרְתֶּם אֶת-כָּל-מִצְוֹת יְהוָה, וַעֲשִׂיתֶם אֹתָם; וְלֹא-תָתוּרוּ אַחֲרֵי לְבַבְכֶם, וְאַחֲרֵי עֵינֵיכֶם, אֲשֶׁר-אַתֶּם זֹנִים, אַחֲרֵיהֶם. מ לְמַעַן תִּזְכְּרוּ, וַעֲשִׂיתֶם אֶת-כָּל-מִצְוֹתָי; וִהְיִיתֶם קְדֹשִׁים, לֵאלֹהֵיכֶם.

לפי התורה אין להשתמש בשיקול דעת, אלא למלא אחר כל מצוות האל במלואן.
למה הרבנים חושבים שיש להם זכות לשנות, לפרש, להוסיף ולגרוע?
האם הם רשאים לשקול מה ראוי ומה לא ראוי לעשות? האם הם חכמים יותר מבורא עולם?

האם הנטייה במאות השנים האחרונות להוסיף מיסטיקה ליהדות; וסוד ודרש (כאילו לא מדובר בחוקים מפורשים) היא לא הוכחה נוספת לכך שלרבנים יש קושי עצום עם חוקי התורה שנכתבו לפני אלפי שנים ואפילו אז לא הופעלו במלואם בגלל הנוקשות שלהם?

התורה אוסרת במפורש להוסיף מצוות, לגרוע מהן או לשנותן: **"לא תוסף ולא תגרע"**, לא לפנות מהן לימין או לשמאל, ולא לדבר בשם האל: **"לא תישא שמי לשווא"** ובכן, מאיפה באה הסמכות לרבנים לשנות את חוקי התורה ולהוסיף עליהם את כל הרשימה הבאה?

1. חג חנוכה
2. חג פורים
3. תעניות (מלבד יום כיפור)
4. תפילות
5. ברכות
6. נטילת ידיים
7. כיסוי ראש לגברים ולנשים
8. שחיטה
9. איסור אכילת בשר וחלב

10. איסור על ריבוי נשים
11. ביטול ערי המקלט
12. ביטול העבדות
13. ביטול עונשי המוות
14. חיוב גבר במתן גט
15. איסור הלקאת ילדים ונשים
16. ביטול שמיטת חובות בשמיטה
17. ביטול האיסור על לקיחת ריבית
18. מכירת חמץ לגוי
19. העסקת גוי של שבת
20. התרת עבודה של חזנים ורבנים בשבת
21. איסור על אוננות (האם יש גבר שלא מאונן?)

ועוד ועוד ועוד מאות דינים שחלקם לטובה וחלקם לרעה.
בקיצור אורח החיים של אדם חרדי אינו תואם בכלל את חוקי
התורה.

עוד כמה שאלות פשוטות

האם אין במעשיהם של הרבנים הוכחה ברורה לכך שהם עצמם אינם מאמינים שחוקי התורה ניתנו על ידי האל?

האם הם לא פוחדים מעונשו של האל שהוא מאוד לא נחמד לכאלה שמפירים את חוקיו?

אולי הגיעה השעה לחשוף את פרצופם הצבוע ולהילחם בתרבות השקר שהם מפיצים.

אולי אחרי שנים של צבירת כוח אין סופי שבהם הם חורצים גורלות של בני אדם' הגיע הזמן להעמידם במקומם ולדרוש מהם להפסיק למנות עצמם לדוברו של בורא עולם שאין להם מושג מה טבעו!!!

האם טענת הרבנים שבגלל שכתוב בתורה שלוש פעמים "לא תבשל גדי בחלב אמו" עלינו להסיק שהאיסור חל גם על אכילה והנאה משילוב של כל חלב עם כל בשר או אפילו עוף?

כמה פעמים לדעתכם כתוב להגן על הגר בתורה ומהי מסקנת הרבנים מכך?

האם הרבנים לא מפרשים רק מה שנוח להם בפלפולים מפוקפקים שמעניקים להם שררה, כבוד וכסף?

האם אפשר בכלל לשער כמה כוח וכסף הרבנים היו מפסידים אם לא היו חוקי השחיטה והאיסור על אכילת חלב ובשר שאין להם שום אזכור בתורה?

האם נעלם מעיניהם של הרבנים שלפי התורה מלאכי האל אכלו כבשים ושתו חלב בארוחה אחת בביקורם אצל אברהם כשבאו לבשר לו על עתיד בואו של יצחק?

האם נעלם מעיניהם חטאו של דוד בפרשת בת שבע ואוריה החיתי? איזו אטימות נפשית ומוסרית דרושה כדי לא לראות את פשעו של דוד? האם נתן הנביא שמטיח בדוד "הרצחת וגם ירשת" עושה זאת ללא הצדקה? איזו רמה של צביעות דרושה לרבנים בכדי לטעון בגמרה: "כל האומר דוד חטא אינו אלא טועה"? (מסכת שבת 1) ומי הוא כופר לפי הרבנים?

<u>משנה תורה , ספר המדע הלכות תשובה, פרק ג פסוק 17</u>

יז שלושה הן הכופרים בתורה: האומר שאין התורה מעם ה', אפילו פסוק

אחד, אפילו תיבה אחת--אם אמר משה אמרו מפי עצמו, הרי זה כופר בתורה; וכן הכופר בפירושה, והיא תורה שבעל פה, והכחיש מגידיה, כגון צדוק ובייתוס; והאומר שהבורא החליף מצוה זו במצוה אחרת, וכבר בטלה תורה זו, אף על פי שהיא הייתה מעם ה', כגון הנוצריים וההגריים. כל אחד משלושה אלו כופר בתורה.

ובכן קוראי היקרים, אני גאה להיות כופר מן המעלה הראשונה ובורא העולם הוא עדי שאין מחמאה גדולה מתואר זה בעיני.

סיפורי מעשיות

צא ולמד מה טבעו של בורא עולם ומי כתב את התורה

על מנת שתראו את כוחו המשכנע של סיפור, אספר לכם משל...

<u>משל התנין</u>

בעיירה נידחת במזרח אירופה חיה לה קהילה יהודית שקטה ולה רב זקן בימים וחכם. הרב שהיה נערץ על תלמידיו הנהיג בית מדרש למופת, שזכה לשבחים רבים ולהערכה מרובה בקרב כל קהילות ישראל בגולה.

ביום מן הימים נפלה שמועה בבית המדרש שנמצאה גופת נערה בביצות שליד העיירה והתלמידים נחרדו. קם הרב ולקח עמו את המצטיין שבתלמידיו והלכו ורכבו מרחק רב עד לקצה העיירה לבחון העניין ולהרגיע הרוחות.

עם הגיעם למקום ראו עיניהם קהל רב מקיף גופת נערה עירומה כבולה בידיה ורגליה. מיהר הרב הסיר מעילו וכיסה גופת הנערה. ציווה הרב על הקהל לחזור איש איש לביתו, וכך עשו.
פנה הרב לתלמידו ואמר: "אברהם, מטיל אני עליך משימה קשה מנשוא. אבקשך לחקור דבר הרצח הנתעב הזה ולגלות הפושע לפני שיגיעו לכאן שליחי הפריץ. המשימה היא קשה אך דחופה מאוד ואין איש אחר בעיירה שאוכל לסמוך עליו כפי שסומך אני עליך, שהינך חכם וישר דרך. אבקשך למסור לי את שתמצא ואנו נתפלל כולנו להצלחתך, על מנת להעביר רוע הגזירה הממשמשת ובאה עלינו. יהא האל בעזריך וינחך בדרך הישר והאמת". הרב השאיר את אברהם לבדו וחזר אל בית המדרש יגע ומודאג.

שלושה ימים תמימים התפללו התלמידים לאלוהים שיביא ישועה לקהילה, עד שהגיע אברהם בחזרה והשעה היא שעת תפילת ערבית. הביטו הרב ותלמידיו באברהם בכליון עיניים למשמע דבר

חקירתו.

אברהם פתח ואמר: "רבי ומורי, נמצא גואל לישראל. לאחר שחקרתי את המקרה בקפידה ושאלתי עדים רבים ואמינים, כולם יראי השם יתברך, מתברר שהנערה נרצחה על ידי תנין שחי בביצות בשעה שהתהלכה לבדה באיזור".

הרים הרב עיניו, הביט בתלמידו ובשאר הנוכחים ושתק לדקה ארוכה. שתקו גם התלמידים, והרב שאל: "האם חקרת את כל העדים בקפידה?"

ואברהם השיב: "כן מורי ורבי, כל העדים נשאלו בשנית ובשלישית ועומתו זה כנגד דברו של זה, ונמצאו דוברי אמת".
שתק הרב בשנית ולא הוסיף דבר. הביט באברהם ואחר הביט בשאר התלמידים וחיוך קל על שפתיו, עד שקם צעיר התלמידים וקרא בקול: "אבל תנינים לא מפשיטים נערות וכובלים את ידיהם, זה לא טבעם".

פרצו התלמידים בצחוק ועמם הרב, כי לא ידעו את נפשם.
יצא אברהם מבית המדרש ולא שב.

ראה הרב שחלפו ימים רבים ואברהם לא שב לבית המדרש ושלח תלמידים רבים לבקרו ולהשיבו למקומו בבית המדרש, אך לא אברהם נעתר לבקשותיהם.

הגיעו ימי הסליחות, אברהם עדיין לא שב והרב נעצב אל לבו מאוד. בוקר אחד, לפני הנץ החמה, הגיע הרב לביתו של אברהם והתדפק על דלתו. לאחר שלא קיבל תשובה, נכנס לחדרו של אברהם ומצאו שוכב במיטתו. התישב הרב על שרפרף ליד מיטתו של אברהם והחל בוכה: "סליחה אברהם ומחילה", התחנן הרב.

הביט אברהם ברב ואמר: "רבי ומורי, שוכב אני מול חלון זה ימים רבים ומלבד אכילה וצרכים הכרחיים איני זע ממיטתי. מביט אני בחלון ובעץ שלידו והנה זחל מטפס על הענף והוא שלל צבעים וכולו

הדר ויופי. אני עוקב אחר תנועתו ואחר חברבורותיו ומשתאה, והנה הוא עוטה עצמו בתכריכים והופך לגולם לא זע ולא נע כמתחזה למת, ואני נעצב אל לבי. לא עוברים ימים ומתוך הגולם בוקע לו פרפר מדהים ביופיו ועף לו אל על ונעלם ואני קורא בקול רם: "ריבונו של עולם שבראת עולם כל כך מופלא עם יצורים מדהימים מקטן ועד גדול – יהי שמך ברוך לעד כי חכמתך מה רבה".

הביט אברהם ברב ובפני הרב הקורנים משמחה ואמר: "מוזר מאוד מוזר".

"מה מוזר?" שאל הרב.

"מוזר שאתה כזה בקיא בטבעם של התנינים שמעולם לא חקרת ומסוגל להסיק מסקנות ברורות ומוחלטות לגבי אורח חייהם ומגבלותיהם במבט אחד בהם, אבל באותה עת, אין לך שמץ של מושג לגבי בוראך שהעניק לך את אותה תבונה ועיניים אשר בהם אתה מביט בעולם. האם זה טיבעו של בורא התבל, לתת לנו תורה כזאת, שלפיה הוא ממית תינוקות תמימים בשנתם במצרים בכדי להאדיר את שמו? האם זה טיבעו של בורא כל היצורים היפים והמופלאים האלה להטביע אותם במבול? האם זה טיבעו ליהנות מריח הניחוח של הקורבנות שאנו מקריבים עבורו!"

קם הרב ויצא את ביתו של אברהם ולא שב.

ניתוח מקרה לדוגמה

האם יש באמת סייג לטיפשות ולצביעות?

כשבודקים טענה יש לפעמים למתוח אותה לקצוות...

לפי התורה אנו מצווים לעבוד שישה ימים ולשבות ביום השביעי שהוא שבת. אסור לנו לעשות שום מלאכה. כל מי שמחלל שבת דינו מוות בסקילה, כפי שנאמר: "**כָּל-הָעֹשֶׂה מְלָאכָה בְּיוֹם הַשַּׁבָּת, מוֹת יוּמָת**." (שמות 31 פסוק 15). על מנת שלא יהיה לנו שום ספק שמדובר במוות של ממש, התורה מביאה לנו את סיפור צלופחד שקושש עצים בשבת ומשה הורה להורגו בסקילה, וכך נעשה.

<u>במדבר 15 פסוקים 32-36</u>

לב וַיִּהְיוּ בְנֵי-יִשְׂרָאֵל, בַּמִּדְבָּר; וַיִּמְצְאוּ ,אִישׁ מְקֹשֵׁשׁ עֵצִים--בְּיוֹם הַשַּׁבָּת.
לג וַיַּקְרִיבוּ אֹתוֹ, הַמֹּצְאִים אֹתוֹ מְקֹשֵׁשׁ עֵצִים--אֶל-מֹשֶׁה, וְאֶל-אַהֲרֹן,
וְאֶל, כָּל-הָעֵדָה. לד וַיַּנִּיחוּ אֹתוֹ, בַּמִּשְׁמָר: כִּי לֹא פֹרַשׁ ,מַה-יֵּעָשֶׂה לוֹ.
לה וַיֹּאמֶר יְהוָה אֶל-מֹשֶׁה, מוֹת יוּמַת הָאִישׁ; רָגוֹם אֹתוֹ בָאֲבָנִים כָּל-
הָעֵדָה, מִחוּץ לַמַּחֲנֶה. לו וַיֹּצִיאוּ אֹתוֹ כָּל-הָעֵדָה, אֶל-מִחוּץ לַמַּחֲנֶה ,
וַיִּרְגְּמוּ אֹתוֹ בָּאֲבָנִים, וַיָּמֹת: כַּאֲשֶׁר צִוָּה יְהוָה ,אֶת-מֹשֶׁה .

לפי מצוות התורה, העדים הם אלה שאמורים להתחיל בתהליך הסקילה ושאר העם משתתף במסיבה. לרבנים כמובן הייתה בעיה, לאו דווקא עם עניין הסקילה אלא בפירוש המילה מלאכה. מה הן המלאכות האסורות בשבת? האם הליכה היא מלאכה? האם אכילה או לבישת בגדים הן מלאכות אסורות? והתשובה שהם נתנו לעניין היא פשוטה: כל מלאכה שנעשתה במשכן היא מלאכה. הם הגדירו ל"ט אבות מלאכה שאסורות בשבת (למרות שבתורה מוזכרות יותר מ- 39 מלאכות, אבל זה פרט לא חשוב כמובן).

כיום אנשים חרדים פועלים לפי רשימה והנחיה זאת של איסור חילול שבת לפי הרבנים, כאשר המדד אינו המאמץ המושקע במלאכה אלא אופייה. כתיבה אסורה למרות שהיא עינוג לרבים מאיתנו וכן הדלקת

נורה, וכו'.

אנשים דתיים דואגים לשרוך נעליהם באופן שונה בשבת וכן להכין
נייר טואלט חתוך מראש, כי חיתוך של נייר הוא חילול שבת.
ראוי לזכור שהרבנים טוענים שהפרשנות שלהם היא לא המצאה
שלהם, אלא לפי המצוות שניתנו למשה בסיני בעל פה ביחד עם
התורה הקדושה.

נוצר מצב מוזר, לכאורה, שאדם שיקשור את שרוכי נעליו באופן רגיל
בשבת יחויב בסקילה. הרבנים הבינו שיש עם זה בעיה לא קטנה. אז
כיצד מיישבים אותה: הם טוענים שסקילה נעשית רק אם האדם
חילל שבת בפרהסיה ולאחר שקיבל התראה, כך שאם זה בשוגג
ובאופן חד פעמי לא סוקלים.

הם נותנים את הסיסמה הידועה ש"**סנהדרין שסקלה אדם פעם
בשבעים שנה נחשבת לסנהדרין קטלנית**", כך שלמעשה אנו תמיד
נמצא תירוץ לא לסקול מפאת חומרת ההוכחה והעדויות.

הרבנים גם טוענים שכרגע זה לא חל כי אין סנהדרין ובלי סנהדרין
אין להטיל עונשי מוות. אבל החוק הוא חוק והרבנים מתפללים כל
יום ומייחלים ליום שיהיה סנהדרין (או אולי בקרבם הם מקווים שהיא
לעולם לא תקום). בקיצור, יש לנו חוק אלוהי ברור שאנו משתדלים
לא לקיים לעולם, כי בוודאי שהיו אנשים שחיללו שבת בזמן
הסנהדרין, אלא מה כולם היו צדיקים – כדאי ללמוד קצת היסטוריה.

בואו נתאר לעצמנו שהחלום של הרבנים מתגשם ויש לנו שוב
סנהדרין, והנה אתה ואחיך מגיעים יום אחד הביתה לאחר התפילה
בבית הכנסת ומוצאים שאמכם חתכה לה נייר טואלט כי מה שהכינה
בערב שבת לא הספיק, כנראה שהחמין היה טעים מהרגיל, ואתם
אומרים לה:

"אבל אימא, את יודעת שאסור"

והיא אומרת "סליחה, מה בדיוק אתם מצפים שאעשה, יש לי

ברירה?"

ואתם אומרים "הרי אין פה סכנת נפשות, אסור וזהו!"

המקרה חוזר על עצמו כמה שבתות, והיא בשלה "אין לי ברירה".
עכשיו מה...

יש סנהדרין!

יש עדים!

יש התראה!

מה שנותר זה שאתם כעדים תהיה ידכם בה לראשונה, אתם תסקלו את אמכם כי חתכה לה נייר טואלט בשבת.

האם תסקלו את אמכם?

האם תאמרו אין לנו ברירה, זה מה שציוונו בורא העולם בהנחיית הרבנים יודעי דברו או אולי, אהה לא כל כך מהר.

הרי מי אתם שתתורו אחרי לבבכם ואחרי עיניכם אשר אתם זונים אחריהם? מאיפה פתאום יש לכם הזכות והיכולת לשפוט שיפוט מוסרי בהסתמך על מצפונכם ולא לפי חוקי התורה והנחיית הרבנים וההלכה?

אני ממליץ לכל אדם דתי לשאול את רבו את השאלה הזאת עכשיו?
חזרו על השאלה עד שתקבלו תשובה ברורה ולא מתחמקת.
מה הוא אמור לעשות במקרה זה?

לסקול את האימא או לא לסקול? זאת השאלה!

כשהעמדתי שאלה זאת בפני תלמיד חכם שניסה להחזיר אותי בתשובה הוא הדהים אותי: "אני אסקול" הוא אמר, מבלי להניד

עפעף.

"ומה עם המצפון שלך", שאלתי, "לא תהיה לך בעיה עם זה?"

"אין לי מצפון", הוא ענה בלי בושה, "יש לי תרי"ג מצוות".

ומה אתכם קוראים יקרים, האם גם לכם אין מצפון?
האם הצביטה הזאת בלב שנתן לכם האל מזויפת?

אחרית דבר

כל המציל תינוק אחד שנשבה בידי הרבנים, כאילו הציל עולם מלא.

איומים וקללות בוקעים רק מגרונם של כאלה שאין להם דבר חכם להגיד...

אומרים "שמאז שחרב בית המקדש הנבואה ניתנה לשוטים".
לדעתי, יש להבחין בין נבואה שאמורה לחזות את שלא ניתן לחיזוי בכלים רציונליים, לבין תחזית המבוססת על ניתוח המצב הקיים והיכולת לראות לאן הוא מוביל. חשוב להבחין בין קבוצת האנשים שעיניהם בראשם ורואים את העתיד ובין כאלה שטוענים ליכולות על אנושיות ולקשר ישיר עם הבורא, שמשום מה בא תמיד רק בחלומות או בחלומות באספמיה.

האם איננו יכולים לחזות את העתיד בכלל? האם כשנזרע חיטה יש סיכוי שנקצור שעורה? אנו יודעים בוודאות גמורה ששעורה לא תצמח מזרעי חיטה. החיטה אולי תיבול ולא תצמח, אבל שעורה לא תצמח לנו מזרעיה.

יש דברים רבים שאנו לא יודעים, עדיין, על העולם ואולי לעולם לא נצליח לדעת על אף שעשינו כברת דרך ארוכה במדע. כולנו יודעים שהארץ עליה אנו חיים אינה שטוחה ושכדור הארץ סובב סביב השמש ולא להפך. זה נראה לנו כל כך ברור מאליו כיום, ואנו שוכחים לגמרי שעד לפני כמה מאות שנים לא היה אפילו אדם אחד בעולם שחשב כך. האם יש מישהו מכם הקוראים, שחולק על העובדה שכדור הארץ הוא עגול? האם הרבנים השרלטנים שלא מפסיקים לכנות עצמם כגאונים גילו לכם עובדה זאת בתורה או המדענים שחקרו את העולם? המדע לא יודע עדיין המון דברים על העולם וממשיך בחיפושיו אחרי האמת, אבל הוא יודע בביטחון לא קטן שהעולם נברא לפני כ- 15 ביליוני שנים. יכול להיות שהמדענים טועים בכמה ביליוני שנים לכאן או לכאן, אבל כדי לטעון שהעולם נברא לפני 5700 שנה צריך להיות בור מושלם או צבוע מדופלם.

ישנן עדויות חותכות לכך שבני אדם הלכו על הכדור הזה עשרות אלפי שנים ועברו את תקופות העץ, האבן, הברונזה וכו', לפני שהגענו עד הלום. מדענים שחוקרים את התפתחות הלשונות השונים בעולם, לא יקבלו לעולם את טענת התורה שהן נוצרו במגדל בבל ובוודאי לא את סיפורי עלי בבא של תיבת נח ששטה לה במשך שנה כשעל סיפונה כל הזנים בעולם, זוגות זוגות, בתיבה אחת. כשמדענים עושים טעויות הם מתקנים עצמם, מדוע הרבנים לא עושים זאת? האם שמעתם פעם על חשיבה מחדש אצל הרבנים לאור ממצאים שונים? הגיע הזמן להפסיק את ההתחזות הזאת כאילו אנו מאמינים שהתורה אמתית, וכאילו אנו מאמינים שחוקי התורה ניתנו על ידי בורא עולם!

לאחר שהבהרתי את עמדתי כלפי הנבואה ונביאים למיניהם אני "מסתכן" בתחזית משל עצמי: ספר זה לא יהפוך אותי לנערץ על הרבנים. כל שאני יכול לצפות לו הוא חרפות, איומים וגידופים. אילו האמנתי בברכות של הרבנים הייתי נרתע מקללותיהם, אך משום שאני, וגם בורא העולם, לא סופר את הברכות שלהם כך בדיוק תהיה התייחסותי לקללות שלהם.

הם יטענו שאני בור ושהפרשנות שלי שטחית ושאני צריך ללמוד עוד הרבה שנים בישיבה כדי להבין את הפרשנויות. כאילו שתירוצים ופלפולים יכולים באמת להפוך שחור ללבן ולהתיר דמם של ילדים ונשים. הם יכנו אותי אנטישמי ועוכר ישראל ויטענו שאני נותן נשק בידי שונאי ישראל, כאילו ששונאי ישראל מבין הנוצרים והמוסלמים אינם שוטים שגם מאמינים בסיפורי התורה ושספרי זה לא בז להם באותה מידה. הם יטענו שבלי תורה ומצוות יהיה תוהו ובוהו ואנשים לא יבחינו בין טוב לרע – כאילו שחברות דתיות הן מוסריות יותר מחברות חופשיות לחלוטין; שהיפנים והסינים גונבים, רוצחים ושונאים את הוריהם משום שלא למדו תורה; ושרוב האסירים בכלא חונכו על ידי סוציאליזם אתאיסטי ולא למדו תורה במקום מוסר אמתי.

הם גם יטענו שספר זה שולל את זכותנו להקים בית לאומי בארץ ישראל, כאילו שהמדינות שתמכו בהקמת המדינה באו"ם התרשמו

מהתורה ולא מהזכות ההיסטורית שלנו על המדינה ומהזכות של כל אדם להיות חופשי ולא לסבול כמו שאנו סבלנו בשואה. הזכות שלנו לבנות מדינה בארץ ישראל, היא משום שחיינו פה בעבר וגורשנו מפה בכוח, ולא בזכות שום הבטחה אלוהית. גם עמים שלא למדו תורה מבינים זכות זאת, כי היא מוסרית והגיונית.

הם יטענו שעם ישראל ייעלם אם אנו לא נמשיך לקיים את מצוות התורה – כאילו שהיוונים נעלמו כאשר הפסיקו להאמין במיתולוגיה שלהם; שהרבנים החרדים הם לא הסיבה העיקרית שכל כך הרבה יהודים סולדים מהתרבות שלנו, כפי שהיא שמתבטאת בהתנהגות הרבנים והממסד הדתי ושללא הדחייה שהם מעוררים, היינו עם גדול יותר היום.

הם יטענו שזה יגרום לפילוג בעם, כאילו שהם לא המקור העיקרי לפלגנות ולשנאה בין הזרמים השונים ביהדות ובין העדות השונות בעם. כאילו שישנה חברה אחרת בעולם עם כל כך הרבה שנאה ופלגנות כמו החברה החרדית.

הם יטענו שאני מלא בשנאה עצמית וחבל שלא יראו את העונג האישי שיביא לי פרסום ספר זה. הם לא יראו אותי מלא בהרגשת סיפוק עצמי, בכל פעם שאציל נפש אחת תמימה מהונאת הרבנים ואפקח עיניה לחיים של אהבת הזולת באשר הוא. הם לא יראו אותי מתמוגג מהנאה כאשר אקבל את מכתבי התודה, ויהיו מעטים ככל שיהיו, מנערים חרדים שהארתי את דרכם לעתיד, כי כל המציל נפש אחת (ולא רק מישראל) כאילו הציל עולם מלא.

הם יאיימו, יקללו ויפחידו כי הם בנסיגה, כי האמת והצדק לא לצדם, כי הם עומדים להפסיד את מקור כוחם הרב, כי ערוותם נחשפה ברבים.

אני מקווה שהייתה לכם קריאה מהנה ופוקחת עיניים.

תוכלו להביע דעתכם על הספר ועל כל שאלותיו וטענותיו באתר הספר:

AVI 8 TOM LEV. ORG /ic www.tomlev.org

אשתדל מאוד לענות על כל השאלות והטענות של הקוראים, בתנאי שיכתבו בלשון נקייה, כתבו בתבונה ותיענו בהתאם.

תודה ויהא בורא עולם עמכם